O Grimório da Magia dos Dragões

AVISO

A editora e seus escritores não se responsabilizam por eventuais lesões ou prejuízos sofridos pelo leitor que possam decorrer da utilização do conteúdo presente nesta obra e sugerem prudência ao ponderar sobre as práticas apresentadas neste livro. O conteúdo desta leitura não tem como objetivo substituir orientações de profissionais da área médica ou psicológica. Recomenda-se aos leitores procurar seus especialistas em saúde pessoal para tratamentos. O uso de ervas, plantas e óleos essenciais deve ser feito com cuidado, e uma investigação detalhada acerca de qualquer planta citada neste livro deve ser conduzida pelo leitor antes de manuseá-la. Ao lidar com fogo, siga as medidas de segurança contra incêndios e jamais deixe velas ou outras fontes incandescentes sem supervisão.

D. J. CONWAY

O Grimório da Magia dos Dragões

Um Compêndio de Rituais
e Práticas Mágicas
de Bruxaria

ARDANE

Publicado originalmente em inglês sob o título
Dragon Magick: Call of the Clans to Help your Practice Soar

Published by Published by Llewellyn Publications -
Woodbury, MN 55125 USA, www.llewellyn.com

Editor: Claudiney Prieto
Coordenação Editorial: Luciana Papale
Tradução: Ardane Books
Diagramação e Capa: Andréa Guimarães
Revisão: Grupo Papale's

DADOS INTERNACIONAIS DE CATALOGAÇÃO NA PUBLICAÇÃO (CIP)
CÂMARA BRASILEIRA DO LIVRO, SP, BRASIL

C767 Conway, D.J.
O Grimório da Magia dos Dragões / D.J. Conway;
tradução de Ardane Books
Editora Ardane | 1ª edição | São Paulo | 2023

ISBN 978-65-85370-11-0
l. Wicca. 2. Esoterismo. 3. Bruxaria. 4 Magia I. Título..

CDD 133.43
CDU CDD 133.4

Índice para catálogo sistêmico:
1. Bruxaria: Ocultismo 133-43

EDITORA ARDANE
www.ardane.com.br
Tel.: (11) 97774-4013 | E-mail: contato@ardane.com.br
Instagram: @ardanebooks

Para Cyndi Lou e
John, pelo incentivo,
e a todos os outros
amantes de Dragões.

1

DRAGÕES NA MITOLOGIA E NAS LENDAS

No mundo todo a mitologia é cheia de contos sobre dragões. Às vezes, eles são retratados como enormes serpentes, às vezes como um tipo de dragão conhecido no mundo ocidental, às vezes com a forma conhecida pelos habitantes do leste asiático. No entanto, os dragões sempre desempenharam um importante papel na formação deste mundo e de suas diversas culturas. Eles também tiveram um papel importante na percepção cultural de ideias espirituais.

Os dragões foram retratados de muitas formas e com inúmeras variações dessas formas. Os ensinamentos antigos dizem que os dragões podem ter duas ou quatro pernas ou nenhuma, um par de asas ou não ter asas, cuspir fogo ou fumaça e ter ou não escamas em seus corpos. Seu sangue é extremamente venenoso e corrosivo, mas também muito mágico. O sangue, ou a força vital, é um símbolo da intensidade de suas energias elementais. Dependendo da recepção que recebiam dos humanos na área onde viviam, os dragões podiam ser benéficos ou violentos. Uma coisa é certa: os dragões eram vistos com admiração por todas as culturas afetadas por sua presença e interação com os humanos.

Embora se possa falar que os dragões fazem parte de uma espécie separada, existem inúmeras subespécies e famílias dentro de uma comunidade de dragões, como se pode deduzir ao ler em muitas histórias e relatos antigos. As subespécies e famílias podem ter diferenças maiores ou menores na aparência, mas ainda retêm as características básicas que são comuns a todos os dragões onde quer que estejam. Uma família de dragões com características muito semelhantes viveu na Europa, especificamente no norte da Alemanha, Escandinávia e Ilhas do Atlântico Norte. Uma segunda família foi reconhecida na França, Itália e Espanha. Uma terceira família morava nas Ilhas Britânicas, incluindo a Irlanda: esses dragões, comumente chamados de Dragões de Fogo, incluíam a Serpentina Alada, mas sem pernas. Uma quarta família, também alada e sem pernas, foi encontrada na área do Mediterrâneo, na Grécia, na Ásia Menor, no sul da Rússia e no norte da África. Uma quinta família – a maior em número – era dos dragões da China, Pacífico Asiático e Indonésia. A sexta família, de tamanho e número muito limitados, foi encontrada nas Américas e na Austrália.

No mundo oriental, os dragões raramente soltam fogo e são mais benevolentes, embora temperamentais e destrutivos quando provocados. Às vezes, eles são retratados sem asas, mas podem se impulsionar pelo ar se quiserem. Os dragões da Ásia, México, Américas e Austrália se impulsionaram pelos céus, equilibrando-se entre o campo magnético da Terra e os ventos.

Na China, por exemplo, os dragões são retratados com quatro patas, um longo corpo serpentino sinuoso e uma cauda semelhante à de uma cobra; eles variam em tamanho de alguns centímetros até o grande Chien Tang, que tinha mais de 60 metros de comprimento. Eles podiam falar, eram capazes de alterar suas formas e tamanhos e tinham um número variável de garras.

Os imperadores chineses adotaram o dragão de cinco garras como um ancestral sagrado e símbolo de seu poder. Dizia-se que apenas os dragões imperiais tinham as cinco garras especiais em cada pé. Todos os outros dragões asiáticos tinham apenas três ou quatro garras. Tornou-se uma lei que apenas o imperador poderia ter um dragão de cinco garras bordado em suas vestes ou pintado em qualquer coisa.

Segundo a tradição, a história da China remonta a 3000 AEC, embora os historiadores modernos remontem apenas a 1600 AEC. Um vaso de barro de cerca de 2.000 AEC é decorado com uma imagem de dragão. O símbolo e a figura do dragão ainda existem na arte e nas celebrações chinesas modernas.

Os chineses dividiram seus dragões em grupos ou classes, cada um com características diferentes. Havia quatro grandes dragões Lung Wang, ou Dragões Reis. Os nomes desses irmãos eram Ao Kuang, Ao Jun, Ao Shun e Ao Ch'in. Eles também tinham deveres específicos: o *t'ien lung* sustentava a mansão dos Deuses; o *shen lung* trazia chuva; o*ti lung* controlava os rios; e o *lung fu-ts'an* guardava tesouros escondidos e depósitos de metais preciosos. Os *Lung Wang*, ou Dragões-Reis, assemelhavam-se aos nagas indianos, ou às serpentes sagradas. Eles eram as divindades padroeiras dos rios, lagos, mares e chuva. Tinham pérolas valiosas em suas gargantas e viviam em magníficos palácios subaquáticos.

Divisões posteriores produziram o *kiao-lung*, ou dragão escamoso: *ying-lung* com asas, *k'iu-lung* com chifres, *ch'i-lung* que não tinha chifres e o *p'an-lung* que estava ligado à terra. O dragão *ch'i lung* era vermelho, branco e verde; o *k'iu-lung* era verde. Os dragões chineses também eram inteiramente pretos, brancos, vermelhos ou amarelos, sendo o amarelo considerado superior.

Quando se tratava de usar dragões para decoração, havia nove categorias distintas: o *p'u lao* era esculpido em gongos; o *ch'iu niu* e *pi his* em violinos e tabuletas de literatura; a *pahsia* na base de monumentos de pedra; o *chao feng* nos beirais dos templos; o *chi'ih* em vigas de pontes; o *suan ni* apenas no trono do Buda; o *yai tzu* nos punhos das espadas e o *pi han* nos portões das prisões.

Dizia-se que os especialistas chineses eram capazes de saber a idade dos dragões orientais e suas origens por suas cores. Acreditava-se que os dragões amarelos haviam nascido do ouro amarelo de mil anos; dragões azuis do ouro azul com oitocentos anos de idade; e dragões vermelhos, brancos e negros do ouro da mesma cor com mil anos de idade.

Para os chineses, um dragão pode ser macho ou fêmea. Eles botavam ovos, alguns dos quais não eclodiam por mais de mil anos.

Quando ocorria uma eclosão, isso era conhecido devido a grandes chuvas de meteoros, tempestades violentas e fortes chuvas de granizo.

O número de escamas de um dragão também era importante. Alguns especialistas em dragões antigos na China afirmaram que um dragão verdadeiro tem exatamente oitenta e uma escamas, enquanto outros afirmam que o número era cento e dezessete. Eles nunca foram ditos ser coberto com qualquer outra coisa que não fosse as escamas. Esta é uma característica de dragões em todo o mundo. No entanto, os dragões ocidentais têm um número variável de escamas e garras. Os dragões orientais também eram capazes de voar, apesar de não terem asas, graças ao caroço no topo de suas cabeças. Todos os dragões têm personalidades muito distintas e individuais, assim como os humanos.

Na medicina chinesa, a pele, os ossos, os dentes e a saliva dos dragões eram considerados muito valiosos. O osso de dragão em pó era uma cura mágica para tudo. Antigos livros de medicina são rápidos em apontar que os dragões trocam de pele e ossos periodicamente, como as cobras. Uma vez que as peles caídas brilhavam no escuro, presumivelmente eram fáceis de localizar. Alguns dos ossos foram listados como levemente venenosos e só poderiam ser preparados em instrumentos que não fossem de ferro. É conhecido que a queda e o crescimento dos dentes ocorrem entre certos mamíferos, répteis e anfíbios.

Dizia-se que a saliva do dragão era encontrada como uma espuma volumosa no chão ou flutuando na água, geralmente depositada ali durante o acasalamento ou uma luta. Uma história chinesa fala de uma grande batalha perto da costa, próximo a uma vila de pescadores. Os aldeões observaram os grandes dragões rolando nas nuvens negras e saltando nas ondas por um dia e uma noite. Seus rugidos ecoantes podiam ser ouvidos claramente. Na manhã seguinte, essas pessoas partiram com todos os seus barcos de pesca para o local da batalha. Eles recolheram barcos inteiros de saliva de dragão, encontradas flutuando em enormes pilhas na superfície do oceano.

O sangue dos dragões orientais às vezes era vermelho, outras vezes preto. Especialistas em dragões diziam que, ao penetrar o solo, esse sangue se transformava em âmbar. Onde quer que o sangue do dragão caísse, o solo tornava-se incapaz de suportar qualquer vegetação.

Embora o sangue fosse considerado perigoso e às vezes mortal em mitos de várias culturas da Ásia, os heróis europeus se banhavam nele para criar invulnerabilidade ou o bebiam para se tornarem sábios. Essa transformação do sangue em âmbar pode muito bem ser uma expressão alquímica da manifestação do poder mágico e das energias elementais em um resultado físico desejado.

Os dragões asiáticos/orientais não figuravam nos mitos chineses da criação. Apenas raramente, e apenas por acidente, eles entram em conflito com Deuses ou heróis. Esses dragões tendiam a cuidar de seus próprios negócios e mantinham uma atitude benéfica em relação aos humanos. Os dragões asiáticos tinham deveres específicos, como controlar o clima e manter a terra e os animais férteis, bem como atribuições para ajudar os humanos a aprender certas artes civilizadas. Embora as partes do dragão fossem amplamente apreciadas na medicina tradicional chinesa, essas criaturas mágicas não eram caçadas como os dragões ocidentais.

No Oriente Médio, parece ter havido um ponto de encontro para os dragões, alguns sendo retratados como dragões chineses, outros mais como dragões ocidentais. Dizia-se que tanto a grega Medeia quanto a romana Ceres andavam em carruagens puxadas por dragões. A Grécia e a Roma antigas consideravam o dragão tanto benéfico quanto mau, dependendo das atividades da criatura. O dragão roxo se tornou o emblema dos imperadores bizantinos. Estas são apenas algumas das lendas e contos de dragões ao redor do mundo.

Todas as lendas concordam em certas características sobre dragões, entre elas a de que nunca se deve olhar um dragão diretamente nos olhos, pois eles têm poderes hipnóticos. Um dragão provavelmente não vai lhe dar seu nome verdadeiro, pois isso lhe daria poder sobre eles – e os humanos seriam incapazes de pronunciá-lo de qualquer maneira. Várias lendas de diferentes culturas falam da habilidade dracônica de aparecer na forma humana. Quando um dragão muda de forma, é muito difícil ver através de seu disfarce, a menos que ele queira.

A medicina medieval e a Magia mencionam o uso do sangue de dragão muitas vezes. Como o sangue de dragão real não estava disponível, os praticantes tiveram que recorrer a outras fontes. A hematita, ou "pedra de sangue" (um minério rico em ferro), e o mineral cinábrio (um composto de mercúrio), eram ambos chamados de algum tipo de "sangue de dragão". No entanto, o "sangue de dragão" mais utilizado era uma resina de goma. Foi dito que essas árvores originalmente cresceram do sangue de dragão derramado e essa herança lendária até figura nos nomes científicos das árvores:

Dracaena cinnabari e *Dracaena draco*. A maioria dessas árvores é encontrada no arquipélago de Socotorá, no mar da Arábia, e nas Ilhas Canárias. Sua resina de goma avermelhada ainda é conhecida e usada em procedimentos mágicos hoje.

Os dragões vivem muito, são muito sábios e acumulam tesouros e conhecimento. Quanto mais velho o dragão, mais sábio ele é. No entanto, conversar com dragões mais velhos é uma faca de dois gumes: eles podem ser mais sábios e capazes de lhe dar mais conhecimento, mas também são sensíveis e extremamente indignos de confiança, a menos que você os trate corretamente. Afinal, dragões já existem há tempo suficiente para ter experimentado a falta de confiabilidade e o engano humanos.

Dragões controlam as correntes mais profundas de energias elementais, mais do que normalmente aquelas sentidas pelos humanos, e eles estão sempre conectados de alguma maneira com várias formas dos quatro elementos.

Dependendo do comportamento dos dragões que estão sendo observados, sua aparência pode ser considerada um presságio de boa sorte.

Eles tendem a falar em enigmas e símbolos, evitando respostas diretas sempre que possível. Dragões não se importam com humanos indecisos que têm medo de tomar uma decisão ou assumir responsabilidades. Não cometa o erro de tentar atacar fisicamente um dragão: dragões são criaturas astrais, incapazes de se ferirem realmente com uma arma física de qualquer tipo.

Como podemos ver nas lendas, houve um tempo em que os dragões se materializavam do astral para o plano físico com bastante regularidade. Considerando a inteligência de um dragão, não é de se admirar que eles agora escolham ficar longe dos humanos. A maioria de nós quer controlar, dissecar ou subjugar tudo o que não entende... e até mesmo muito do que entende.

No entanto, o maravilhoso e vasto depósito de Magia e poder dos dragões ainda estará disponível se o Mago dedicar um tempo para aprender como abordá-los e assim poder usufruir de suas profundas energias mágicas.

2

ENCONTRANDO OS DRAGÕES E TRABALHANDO COM ELES

Já deve ter ficado óbvio para o leitor o fato de eu ter um profundo respeito e amor pelos dragões, uma crença em seus poderes como auxiliares-mágicos que é respaldada por anos de experiência pessoal. E espero ter despertado seu interesse o suficiente para querer trabalhar com eles.

Então, como se faz para encontrar dragões? E como podemos usar o poder deles? Devemos fazer Magia com eles ou é prudente evitar essa parceria?

Presumo, já que leu até aqui, que alguma forma de Magia você já tenha praticado ou está pensando seriamente em fazer isso. Se estiver em dúvida quanto à sua dignidade para trabalhar na área da Magia, em qualquer área mágica, você tem um trabalho sério a fazer em relação à sua autoimagem e à programação a que foi submetido e que criou essa imagem ruim de si mesmo. De fato, todo Mago, ou melhor, toda pessoa que usa a oração, caminha constantemente na linha tênue entre um ego superinflado e uma apreciação de seu próprio valor. A pessoa entende, sem encobrimentos astutos, exatamente porque ela está escolhendo trabalhar com Magia em um determinado momento. Esse entendimento é vital para avaliar o resultado do feitiço, o tipo de Magia usada e as consequências que podem surgir para certas ações. O que os outros pensam das razões que o levam a praticar Magia não é importante; eles não pagam penalidades, não obtêm as vantagens dos rituais nem sabem exatamente o que o Mago pode pensar e sentir. No entanto, o Mago deve saber o que está no fundo de sua própria mente e coração e lidar com qualquer programação ou intenções negativas que sejam egoístas e injustificadas.

Um bom Mago não pratica exclusivamente Magia Branca nem Magia Negra. Um praticante bom e eficaz é o que chamo de "Mago Cinza", aquele que entende completamente as consequências das ações e está disposto a fazer o que for necessário, principalmente nas áreas de proteção e remoção do mal. O Mago eficaz conhece a si mesmo como ninguém mais conhece e deve ser brutalmente honesto sobre as reais intenções e propósitos de usar qualquer tipo de Magia em primeiro lugar, mas especialmente ao praticar a Magia do Dragão.

O Mago que deseja praticar a Magia do Dragão não pode se dar ao luxo de ter dúvidas sobre se tem ou não direito de pedir ajuda a essas entidades poderosas. Como muitos outros seres, físicos e não físicos, os dragões se aproveitam de qualquer um que vacile em seu compromisso ou que não esteja claro sobre sua intenção em um ritual.

Isso significa que, a menos que você seja perfeito em todos os níveis do seu ser, não poderá atrair, contatar e aprender com os dragões? Claro que não. Mas se você deseja um companheirismo contínuo com eles, deve se esforçar para melhorar a si mesmo, equilibrar os fluxos e marés de energias dentro de si e fazer desse esforço um projeto contínuo. Todo Mago e buscador espiritual deve estar ciente de que não existe perfeição completa dentro do corpo humano e da mente cem por cento do tempo. Se pudéssemos nos tornar tão perfeitos, não habitaríamos mais um corpo físico. As leis do Universo não permitem que nada permaneça estático, imóvel, sem crescimento. A perfeição é estática em qualquer forma que tenha atualmente; portanto, para confirmar as leis do Universo, essa forma perfeita deve evoluir para outra coisa, alguma forma de ser que pode continuar a evoluir para o próximo estágio superior da vida. A mudança é uma das poucas constantes da lei universal.

Então, como se faz para encontrar dragões? Comece aprendendo o máximo possível sobre dragões e seus hábitos mágicos. Em seguida, examine suas razões para querer praticar a Magia do Dragão com um olhar objetivo e crítico. Quando se sentir confortável com essas etapas – e só então – comece a construir uma atmosfera para atrair dragões. Realize certas ações que despertem a curiosidade deles e os atraem para perto de você. Irradie uma recepção mental, reservando tempo e lugar para se comunicar com eles no nível astral por meio da visualização mental e da fala. Acima de tudo, acredite que eles existem, mesmo que não possa vê-los com seus olhos físicos ou provar sua existência para outra pessoa.

Se deseja realmente atrair dragões, deixe de lado os tabus sociais que possa ter sobre "ver coisas" e aprenda a entender com o coração que os dragões existem. Convide-os mentalmente a tornarem sua presença conhecida por pensamento ou ação. Seja sensível e extremamente consciente do que está acontecendo ao seu redor. A maioria dos dragões tende a ser sutil em seus primeiros contatos com humanos. Eles podem optar por aparecer em sonhos ou como flashes de movimento vistos na visão periférica. E podem até ser tão sutis quanto uma presença pairando atrás de você, olhando por cima do seu ombro. Os dragões guardiões, os mais fáceis de contatar, muitas vezes aparecem como pequenas vozes ou rostos e formas na mente. Eles podem aparecer sem avisar e a qualquer momento, mas especialmente durante uma meditação ou ritual mágicos, individualmente ou vários de uma vez. Eles adoram o fluxo de poder do ritual e aparecem apenas para se banhar na energia. Eles podem muito bem estar lá o tempo todo, mas você simplesmente não os notou... o que não é surpreendente, já que os dragões são mestres em se esconder.

Dragões menores se deleitam em compartilhar as vibrações do Tarô, das Runas e outras leituras. Um dos meus dragões guardiões gosta de brincar com meu pêndulo de cristal. Ele bate nele com uma garra ou mentalmente o envia girando em direções sem sentido. A única solução para usar o pêndulo é deixá-lo se cansar de seu jogo antes de tentar obter uma resposta confiável. Ele e seus companheiros

gostam de espiar por cima do meu ombro durante as leituras de Tarô, murmurando suas próprias interpretações o tempo todo. Basta ter paciência com eles, como se faz com uma criança pequena e curiosa.

Esteja sempre disposto a praticar com muita paciência, autocontrole e autodisciplina, aprendendo a trabalhar dentro de um conjunto específico de leis mágicas para atrair e obter a ajuda dos dragões de forma consistente. Como em todos os procedimentos mágicos, nada é gravado em pedra, mas há certos aspectos desses procedimentos que não podem ser eliminados ou alterados em grande extensão sem perturbar o fluxo do poder mágico.

Deixar de lado as leis mágicas para trabalhar com o poder de um dragão certamente o colocará em apuros. Mesmo o dragão mais positivo é uma besta astuta que, como muitos humanos, tende a cuidar de si mesmo primeiro. Os dragões provavelmente desenvolveram essa atitude após tentarem trabalhar com os humanos há milhares de anos e descobrirem que mortais insignificantes eram aliados não confiáveis e muitas vezes traiçoeiros. Sua atitude em relação à existência dos dragões deve ser o primeiro grande passo na preparação para enfrentá-los. O poder dos dragões é uma força tremenda, que pode ampliar a habilidade de um Mago para novos patamares.

Por que se preocupar em cultivar a cooperação e o companheirismo dos dragões? Porque sua sabedoria e energias elementais são inigualáveis, ilimitadas. Por meio de suas vidas extremamente longas e dos processos de pensamento únicos, eles têm acesso a informações e conhecimentos esquecidos, especialmente no campo da Magia. O poder do dragão também ajuda o Mago a fazer mudanças pessoais e internas que podem ser necessárias. Ajudar a remover a programação negativa do passado ou quaisquer hábitos autodestrutivos está dentro das habilidades dos dragões; claro, o humano envolvido deve desejar essas mudanças. Como toda Magia, a Magia do Dragão não produz resultados milagrosos sem trabalho.

Os dragões podem criar oportunidades, fornecer encorajamento e orientação e até mesmo colocar o Mago em um canto figurativo para que ele enfrente problemas e tome decisões. Mas eles nunca farão por você aquilo que deveria fazer por si mesmo. Uma vez amigos, os dragões são excelentes protetores e poderosos companheiros mágicos.

Um verdadeiro Mago em busca de conhecimento pesa todas as possibilidades de uso em sua Magia, mantendo o que parece certo e descartando o resto. Da mesma forma, a Magia do Dragão não é para todos, mas, sim, apenas para o buscador autodisciplinado que percebe os perigos potenciais e ainda se atreve a se comunicar e fazer amizade com esse vasto poder astral das eras. É para o Mago que leva a sério a mudança de sua vida e do espaço ao seu redor. É um trunfo para quem sabe dar amor e confiança (não cegamente, mas com bom senso) e deseja uma amizade verdadeira.

Se você usar a Magia do Dragão para propósitos injustificados ou tentar manipular e controlar os dragões, pode esperar uma reação negativa terrível. Em questões de autoproteção ou de trazer justiça sobre membros perigosos da sociedade, não tenho dúvidas sobre o emprego dos dragões. Quanto à manipulação e controle, simplesmente não se faz isso com amigos e auxiliares-mágicos. O senso comum diz que tal comportamento terminará a amizade e fará com que outros Magos parem de cooperar ou talvez até trabalhem contra você. E se for querer provar que isso é um perigo para os dragões, eles provavelmente o enfeitiçarão de tal forma que sua Magia não funcionará. E quando atraímos um dragão ou dragões que nos incomodam? Eu sei que isso ocorre com outros guias espirituais, então suponho que também possa acontecer com dragões, embora eu não tenha experimentado isso pessoalmente. Se um dragão o incomoda, é muito provável que você ainda não esteja pronto para trabalhar

com suas energias. Primeiro, que fique claro em sua própria mente o motivo desse desconforto. Talvez a verdadeira raiz do problema seja um pouco de programação lutando para se fazer sentir e manter o controle sobre suas atividades. Talvez a coloração do dragão tenha desencadeado velhos condicionamentos. Um dragão negro produz esse sentimento em pessoas que aprenderam que eles – especialmente os dragões negros – são maus. Quanto mais cavar no subconsciente, mais ficará surpreso com o que está lá dentro, controlando seus pensamentos e ações quando menos espera.

Se mesmo assim ainda se sentir desconfortável, reserve um tempo para uma breve meditação e conversa mental com o dragão. Explique cuidadosa e educadamente que está tentando remediar a situação, mas que simplesmente não sente que neste momento vocês dois podem trabalhar positivamente juntos. Projete o máximo de boa vontade que puder. O dragão vai entender.

Como os antigos cartógrafos que escreveram *"Aqui estão os dragões"* nas bordas desconhecidas de seus mapas, desejo-lhe uma viagem segura ao País dos Dragões. Vá e se prepare para uma viagem fantástica na qual poderá fazer novos amigos e trabalhar com parceiros mágicos. Você ficará agradavelmente surpreso com o conhecimento que vai aprender. Vá preparado para arrancar o que deseja do plano astral e muito provavelmente terá uma jornada inútil e repleta de experiências desagradáveis. Pretensos invasores conquistadores nunca foram recebidos com amizade, não importa seu plano de existência. Os comerciantes exploradores que estavam dispostos a ouvir e negociar um pouco sempre tiveram a viagem de descoberta lucrativa mais bem-sucedida. Viaje para o País dos dragões com cautela, mente aberta e amizade em seu coração. A viagem valerá muito a pena.

3

O PODER DO DRAGÃO NA MAGIA

Trabalhar com dragões na Magia é diferente em muitos aspectos de outros procedimentos mágicos, mas não tão diferente a ponto de se desconsiderar certas regras. Você precisa saber como praticar visualização, meditação e ter autodisciplina, senso de ética e absoluta veracidade consigo mesmo; além de manter um senso de consistência na prática. Todos esses valores e habilidades são componentes importantes de qualquer sistema mágico, mas são essenciais quando se trabalha com dragões. Lembre-se de que deve haver uma troca de energias em seu trabalho conjunto.

A visualização começa desaprendendo muitos dos chamados "sistemas de valores" que outras pessoas nos impõem, sendo o mais comum que o uso da imaginação e o devaneio são improdutivos e ruins. É verdade que o uso excessivo da imaginação e devaneios frequentes são negativos se ocuparem a maior parte de sua vida e de seu tempo; sonhar acordado com o que quer que aconteça em vez de planejar e agir, é evitar a responsabilidade. No entanto, para que qualquer tipo de Magia se torne realmente eficaz, você deve aprender a imaginar vividamente em sua mente o evento ou resultado que deseja. Uma vez que tenha o resultado firmemente em sua mente, você realiza seus rituais e então libera a energia mental para a manifestação.

Autodisciplina e ética andam juntas. Um Mago não deve, para seu próprio bem, se envolver em controlar outras pessoas ou se entregar a um comportamento pessoal questionável. Ciúme, inveja, luxúria, ganância e raiva não devem controlar o que um Mago faz durante o ritual. Na verdade, essas emoções indesejáveis não devem controlar nenhuma parte da vida de um Mago. Essas emoções intensas tendem a obscurecer o julgamento e trazer uma reação emocional

ou causar danos deliberados a outros, o que por si só traz uma eventual reação ou retribuição ao Mago – não vale a pena sofrer, de qualquer maneira.

Um Mago deve desejar sinceramente tudo o que está pedindo em rituais. Se o desejo for indiferente e com pouca intensidade emocional por trás dele, os dragões (ou quaisquer outras entidades) simplesmente não estarão interessados em ajudar. E não pense que pode enganar as entidades do plano espiritual ou astral – elas podem ver a verdade... e a verdade nunca é escondida dos dragões.

Uma das piores coisas que um Mago pode fazer é tirar algo de outra pessoa por meio da Magia: isso inclui saúde, propriedade, vida ou liberdade. A perda da liberdade é aceitável apenas para criminosos. Muitas vezes, descobri que os Magos iniciantes querem controlar as decisões e a vida de outras pessoas no que diz respeito ao amor. Esqueça! O preço para fazer esse tipo de Magia manipulativa é muito alto. Se a pessoa fosse destinada a amar você, ela simplesmente demonstraria interesse. Qualquer Mago que considere tal uso da Magia deve dar uma olhada longa e verdadeira em seus verdadeiros motivos.

A segunda parte do uso da Magia é que o Mago deve liberar as emoções e o desejo após o término do ritual. Pensar constantemente sobre o que deseja realizar prende as energias a você de tal forma que elas não podem se manifestar. Falar constantemente sobre seus desejos ou falar sobre os rituais realizados para obtê-los certamente os impedirá de se manifestar. Desejar tanto algo que até pode sentir o gosto e ainda assim não se importar se vai conseguir é um estado de espírito muito difícil de cultivar. Aproximar-se o máximo possível dessa atitude é o que importa.

Deve haver uma troca de energias entre os planos físico, emocional, mental e espiritual para que qualquer feitiço resulte em uma manifestação. Brincar com Magia ritual, particularmente a Magia do Dragão, não levará a lugar nenhum. Sem concentração mental, trabalho físico, envolvimento emocional e intensidade de propósito, em outras palavras, os dragões não estarão interessados em adicionar suas vastas energias às suas. Os dragões são atraídos pelas energias que você levanta durante o ritual, uma espécie de recompensa astral, já que eles "se alimentam" dessa energia.

A crença em poderes além de si mesmo é importante em qualquer tipo de Magia. Há um velho ditado: *"Quer acredite que pode, quer acredite que não pode, você está certo"*. Podemos não entender como funcionam esses poderes e energias; podemos não ser capazes de descrevê-los a ninguém. Mas nós, Magos, sabemos que eles existem. Um Mago acredita neles porque vê os resultados de seu uso.

Todo Mago que deseja ser eficaz em rituais e manifestações, que deseja crescer e se expandir em conhecimento, mais cedo ou mais tarde chega à conclusão de que a Magia é uma prática muito séria. Eles aprendem a reservar tempo para estudo e autoaperfeiçoamento por meio da meditação. Praticam o que é comumente chamado de "artes psíquicas": Tarô, Runas, Pêndulos, leitura de cristais, análise de sonhos e assim por diante. Eles cultivam os sentidos, especialmente a observação, que inclui o que está nos reinos físico e astral. E aprendem a ler seus próprios sentimentos intuitivos e as vibrações dos outros.

Nem todos os dragões são iguais, não mais do que os humanos. Cada um deles tem sua própria individualidade e personalidade específica. Diferentes clãs de dragões têm diferentes interesses. Existem descrições muito gerais dos interesses e habilidades dos dragões, já que as habilidades dracônicas se sobrepõem em muitas áreas. É melhor trabalhar com um equilíbrio de tipos de dragões, com um aspecto particular de apenas um dragão predominando de acordo com a intenção do ritual. Acima de tudo, um Mago deve conhecer a si mesmo – todos seus hábitos bons e ruins – e enfrentá-los diretamente. Não pode haver nenhuma dúvida se o ritual será eficaz e positivo por natureza.

O próximo passo lógico no processo de equilíbrio é buscar a iluminação espiritual. Afinal, quando a própria base da magia e do ritual é finalmente descoberta, o Mago descobre que toda ritualística e feitiços devem ser um meio de crescimento e desenvolvimento espiritual. Cada um de nós é responsável pelas escolhas que fazemos na vida, até mesmo por estar aqui em primeiro lugar. Não temos o direito de colocar a culpa nos outros pelo que está errado em nossa vida. Se tomar uma decisão errada, mude-a e aprenda com a experiência. Trabalhar com dragões pode tornar esse caminho de vida um pouco mais fácil e muito mais interessante.

4

DRAGÕES VIVEM: VERDADES E MENTIRAS

Quando terminei meu segundo livro, não conseguia imaginar que houvesse mais alguma coisa para aprender ou dizer sobre dragões. Como eu estava errada! Eu só expus a ponta do iceberg. Quanto mais humanos neste plano se abriam para a realidade dos dragões, mais dragões de outras linhas de tempo e níveis se tornavam conscientes de nós. Acabou sendo uma situação fortuita, especialmente para os dragões ameaçados de outros níveis multiversais. Eles estavam enfrentando uma pandemia e um genocídio físico por outras criaturas. Em maio de 2010, pelo menos dezoito novos clãs haviam escapado para a Terra e, desde então, surgiram outros. Agora, de repente, precisávamos estudar todos os antigos e novos clãs de dragões, para que todos pudéssemos coexistir em paz e harmonia.

Muitas pessoas são fascinadas por dragões. O maravilhoso é que todos que acreditam nesses seres mágicos podem atraí-los e fazer amizade com essas lindas criaturas, poderosas e inteligentes. Todos que desejarem podem atrair um dragão guardião, um dos membros menores e mais jovens da espécie. Guardiões, pequenos filhotes e aqueles um pouco mais velhos geralmente serão os primeiros dragões que você vai encontrar e trabalhar com eles. Aprender a se relacionar com humanos e trabalhar com Magos humanos faz parte do treinamento desses jovens dragões. O aprendizado em qualquer ofício ou estudo deve começar em algum lugar, então é apropriado combinar Magos iniciantes com dragões guardiões sob a tutela de parceiros mágicos mais velhos.

Os primeiros clãs de dragões retornaram à Terra com os humanoides que colonizaram a Atlântida e elevaram o nível de civilização dos humanos aqui, como escrevi em *Mystical Dragon Magick* (2012). Esses clãs decidiram ficar após a queda da Atlântida, mas eventualmente tiveram que se retirar para o Mundo dos Dragões no Outromundo, quando os humanos se voltaram violentamente contra eles.

Dragões pensam no tempo em termos de centenas de milhares de anos, enquanto nossa ideia de conceito de tempo vai somente até as centenas. Isso ocorre, porque os dragões vivem muito mais do que o humano normal. A puberdade dos dragões começa por volta de cento e setenta e cinco a duzentos anos. Como, e o que eles são ensinados, ainda não obtive uma resposta clara. Provavelmente eles aprendem a história de seu clã junto a um conhecimento específico sobre qualquer área que desejarem e na qual tenham habilidade.

Fisiologia

Os dragões não são répteis, embora possa parecer assim para os humanos. Suas verdadeiras origens estão em outros lugares, em outros planetas e galáxias distantes. Eles são mamíferos, embora ponham ovos, tenham escamas e não amamentam seus filhotes. Temos nossa própria semelhança terrena no ornitorrinco e na equidna. Suas mandíbulas são desarticuladas, semelhantes às das cobras. Existem também outras diferenças, de acordo com cada clã, em seus olhos, espinhos e outras partes do corpo.

É questionável se os *wyverns* (criaturas parecidas com dragões, cujas duas "pernas" dianteiras são suas asas) são ou já fizeram parte de clãs de dragões. Neste ponto, ainda não vi nenhum *wyvern* entre os clãs. Não existem dragões com várias cabeças; esses são chamados de hidras, uma criatura mágica muito diferente. Alguns dizem que a lendária Tiamat tem várias cabeças, mas as lendas não dizem isso. O fato é que ela mexe a cabeça tão rápido, que às vezes parece ter mais de uma cabeça.

Os dragões têm uma membrana nictitante no ângulo interno ou abaixo da pálpebra inferior, que é capaz de se estender por todo o olho. Sua visão é excelente e eles não sofrem de daltonismo. Eles também têm garras de polegar oponíveis, semelhantes aos humanos, mesmo que tenham três ou até sete outros dedos de garra. Também como os humanos, eles podem ser destros ou canhotos. Os poucos dragões com dois pares de olhos os desenvolveram para evitar serem presas fáceis em seu planeta original de existência. Como os dragões são caçadores, todos os olhos de dragão são colocados na frente do crânio para ver de frente.

Dragões trocam bainhas de garras, escamas, dentes e até mesmo ossos ocasionalmente. Como os gatos, eles trocam as coberturas de suas garras. Também é possível que suas escamas, espinhos e dentes quebrem e, assim, sejam eliminados para crescimento. Se um dragão quebra um osso, ele solta pedaços do osso antigo enquanto cria um novo. Raramente eles saem com pedaços de cascas de nascimento, já que a maioria dos dragões fêmeas comem as cascas dos ovos depois que os bebês eclodem.

Os dragões fêmeas podem ocupar qualquer posição que um macho faz. Não existe uma maneira definida e consistente de distinguir uma fêmea de um dragão macho. Em outras palavras, cor, tamanho e maneira de falar não ajudam a distinguir. Alguns dragões se uniram como um clã, porque são poucos. No entanto, isso não significa que eles acasalam além de suas espécies relacionadas. Como muitos dos clãs escoceses na história da humanidade, a união de vários clãs agradáveis dá a eles grande poder de barganha no Conselho Superior, um grupo que será discutido mais tarde.

JUVENTUDE, NAMORO E REPRODUÇÃO

Em uma variedade de formas, tamanhos e temperamentos, os dragões eram conhecidos em culturas antigas e contos populares em todo o mundo. Esses dragões são sempre representados como adultos, embora

às vezes sejam mencionados ninhos de dragões com ovos. Incontestavelmente, esses ovos certamente significam bebês dragões, mas os contos raramente os mencionam. É evidente que deve haver dragões bebês (filhotes, jovens e inexperientes) crescendo em algum lugar, assim como existem dragões mágicos iniciantes tentando o seu melhor para se tornarem mais proficientes. Os dragões guardiões menores (ou novatos) podem variar da altura da panturrilha à cintura. Eles podem se tornar um tipo de cão de guarda astral para você, para sua família, animais de estimação e propriedades.

As fêmeas de dragão reprodutoras consomem grandes quantidades de conchas (cálcio), granito e mármore antes, durante e após a postura dos ovos. Embora os dragões pareçam provar comida do tipo humano, eles só comem certas essências dos alimentos. Surpreendentemente, os dragões parecem amar a essência do chocolate, quanto mais escuro melhor. Outros notaram a mesma propensão entre as fadas e o chocolate. Da mesma forma, os efeitos psicológicos dos óleos e incensos são muito grandes, particularmente entre os diferentes clãs de dragões. No entanto, não use papoula! Os dragões são alérgicos à papoula.

Ao contrário dos lagartos, o sexo dos filhotes não depende do grau de calor no local de incubação. Os dragões são machos ou fêmeas determinados por seu DNA, assim como os humanos. No entanto, dragões não podem se misturar sexualmente com humanos; não há híbridos humano-dragão. Os humanos não podem se tornar dragões por nenhum motivo, nem os dragões gostariam que fosse assim. Eles são uma espécie extremamente inteligente, capaz de acessar significativamente mais informações sobre todas as coisas do que os humanos. Eles têm poderes em algumas categorias com os quais os humanos só podem sonhar neste estágio de nossa evolução. O máximo que os humanos podem fazer neste ponto é reconhecer sua existência, trabalhar com eles em projetos mágicos e espirituais, ganhar sua confiança e desenvolver amizades duradouras.

Os dragões se acasalam enquanto voam por uma passagem entre este reino e o reino astral. Essa passagem é retratada como uma divisão entre espaço e realidade. Tanto quanto posso determinar, esse local não existe o tempo todo, ele é criado pelos dragões conforme suas necessidades. Essa passagem também é usada como portais para outras linhas de tempo e níveis de galáxias.

Nas bordas dessa divisão está o que chamamos de "energia das sombras", existente no limite tênue entre as energias das trevas e da luz e usada apenas com a ajuda de certos clãs de dragões. É uma energia difícil de se usar adequadamente, mas pode mascarar feitiços com ilusão para que não possam sofrer interferência de outros. Não se trata de uma energia sombria ou maligna e não mascara feitiços nebulosos. Esta é uma energia usada por um dedicado Caminhante das Sombras ou Andarilho de Guerra, um título aplicado a humanos que caçam e remediam ou destroem o mal.

Os dragões cortejam suas companheiras. Se algum deles decidir romper o namoro, geralmente há uma separação tranquila. Alguns dragões nunca se acasalam. Mas uma vez que decidem se tornar um par, é para toda a vida, a menos que um seja morto ou morra. Aquele que continuar vivo pode procurar outro companheiro. No entanto, nenhum dragão se envolverá com a companheira de outro. Isso seria uma violação da honra do clã, o que exigiria o envolvimento do Alto Conselho. A honra é muito importante para os dragões, embora a definição de honra possa variar ligeiramente de clã para clã.

O namoro é desencorajado antes do término do treinamento, que geralmente ocorre por volta dos quatrocentos a quinhentos anos. Cada conselho de clã mantém registros meticulosos de acasalamento para evitar a endogamia. Existem apenas alguns casos especiais de acasalamento entre diferentes clãs, cuidadosamente considerados pelo Alto Conselho antes que a permissão seja concedida. Todos os acasalamentos físicos ocorrem na fina faixa de espaço entre este mundo e o Outromundo, até onde posso determinar pela comunicação que tenho com algumas das fêmeas. Os ovos levam de dois a três anos para crescer antes de serem postos. Então leva outro ano humano para chocar. É incomum um dragão ter mais de dois ovos em uma ninhada. Os dragões parecem praticar sua própria forma de controle de natalidade, ou sua taxa de fertilidade é governada por seu DNA.

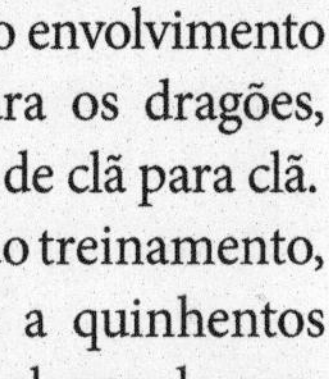

A maioria dos filhotes de dragão começa a vida com um tom muito mais claro de cor de escama do que os pais. Eles escurecem à medida que envelhecem. Por exemplo, um jovem dragão que é vermelho-fogo com tons de bronze nas membranas das asas, terminará com um vermelho tão escuro que parecerá quase preto, com membranas de um marrom profundo, rico e terroso, marcado com manchas pretas, como um equipamento de camuflagem. Em termos de tamanho, filhotes normais geralmente são pequenos, alguns com até 15 cm de comprimento. No entanto, dois clãs, os Tam-Jin-Kee e os Galaxy Rainbows, têm filhotes ainda menores, porque os adultos não são muito grandes. Os filhotes são o equivalente à idade humana do nascimento aos sete anos. Embora suas travessuras possam ser hilárias, elas são típicas dessa faixa etária em termos de humor, brincadeiras rudes, falta de cuidado e tendência a fazer perguntas e implorar por atenção. Você vai precisar de muita paciência, um sólido senso de humor e muita compreensão quando estiver na companhia de filhotes.

De modo geral, se você se encontra na companhia de filhotes e jovens dragões, considere-se privilegiado. Os pequeninos, embora sempre acompanhados por um adulto em algum lugar próximo, são colocados com humanos responsáveis para aprender a interagir conosco. Isso faz parte de seu treinamento, até que tenham idade suficiente para se tornarem guardiões ou assumirem outras funções.

Pequenos dragões são, na verdade, excelentes apanhadores de pequenos demônios, criaturas negativas e esferas de energia negativa. Dragões pequenos comendo energia negativa são como crianças humanas comendo doces. A única diferença parece ser o fato de os dragões não sofrerem indigestão por comer demais.

Os dragões menores expelem pequenas bolas de fogo quando soluçam, regurgitam ou arrotam. Eles têm propensão a comer meias e sapatos ao coçar os dentes. E são conhecidos por deixar escamas macias em escovas de dentes e de cabelo quando as usam para coçar a pele que se desprende. Os pequenos também "pegam emprestados" objetos brilhantes, como joias, canetas de escrivaninha, chaves de carro e iscas de pesca, porque ainda não aprenderam a não fazer isso. Os empréstimos podem se tornar extensos, especialmente se os objetos forem brilhantes ou incomuns. Os cristais de quartzo são fascinantes para eles.

Certos dragões, tanto machos quanto fêmeas, são testados quanto à voz para cantar e entoar feitiços positivos e negativos. Isso inclui dragões de todos os clãs. Eles podem solicitar ajuda por meio dos líderes do clã, que então levam os pedidos ao Grande Conselho. Os clãs inteiros discutem a solicitação e tomam a decisão - sim ou não. É raro que essa habilidade dos dragões seja usada a pedidos humanos. As únicas vezes que ouvi sua música, mas nunca vi, foram nos solstícios e equinócios. Presumo que seja parte de suas celebrações especiais de alguma forma.

DRAGÕES E HUMANOS

Todos os dragões escondem seus verdadeiros nomes dos humanos. Nomes têm um tremendo poder que pode ser usado contra eles. De qualquer forma, os humanos não conseguem pronunciar nomes complicados de dragões ou de seus clãs, então eles nos dizem nomes que se assemelham muito a clãs ou personalidades e poderes individuais. Os nomes verdadeiros são uma combinação de notas musicais e a fala comum do dragão. É por isso que certos dragões ou clãs podem ficar curiosos sobre certos humanos que podem se deparar com algumas combinações musicais, seja de voz ou através de um instrumento.

Como os dragões envelhecem de forma diferente dos humanos, eles permanecem em certos estágios de crescimento por períodos muito mais longos. Como mencionado, os dragões pensam no envelhecimento em termos de centenas e milhares de anos, pois vivem muito mais do que os humanos.

Tantas coisas são invisíveis aos olhos humanos. Tantas coisas não são o que pensamos ser. Como em muitos assuntos, quanto mais se aprende sobre dragões, mais interessantes eles se tornam. No entanto, as pessoas têm algumas ideias errôneas sobre eles. Os dragões ocidentais adultos estavam sempre em guarda contra cavaleiros agressivos e aldeões que queriam a emoção e a notoriedade de matar um dragão. Não é de se admirar que os dragões da Europa Ocidental, do México e da América Central considerassem os humanos perigosos. Esses dragões tendiam a atacar primeiro, eliminando assim os ataques surpresa em seus covis. No entanto, os clãs de dragões diferem quanto à disponibilidade e a indiferença e há personalidades de clã, bem como personalidades individuais. Os dragões do Extremo Oriente são um tipo distintamente diferente e mais benevolente, trabalhando bem com o povo da China, Indonésia, Japão e culturas semelhantes. Esses dragões são homenageados hoje pela dança do dragão serpenteando pelas ruas durante a celebração do Ano Novo Chinês.

"Aparecer" não significa realmente ter um dragão manifestado fisicamente à sua frente, embora isso possa acontecer. Aparecer é mais como sentir uma presença perto ou atrás de você. Normalmente, os iniciantes os verão com seus olhos internos ou como um movimento fugaz no canto do olho, ou em imagens em suas mentes. As conversas do dragão são mais frequentemente por telepatia. Você saberá que os pensamentos não são seus, porque as palavras, tons e informações não são do seu estilo de pensamento.

Os dragões têm auras, assim como os humanos, e é por isso que podemos sentir sua presença. Quando duas auras humanas se tocam, sua mente subconsciente sabe disso. Portanto, faz sentido que dragões e humanos sintam o mesmo efeito. Dito isso, dragões não pensam como humanos ou fazem suas escolhas de acordo com a ética humana. Muitos deles nem mesmo trabalham em Magia com humanos ou passam seu tempo conosco. Não há como nenhum ser humano ter poder ou conhecimento suficiente para escravizar um dragão ou forçá-lo a cumprir suas ordens.

Nunca diga ou ordene a um dragão para fazer qualquer coisa. Não se chame de "Cavaleiro de Dragão" ou diga que ocupa uma posição especial entre os dragões. São eles que lhe darão sua posição, nome ou título, se e quando acharem que você os merece. Eles agem como parceiros mágicos ou professores e não estão à sua disposição. Da mesma forma, não é conveniente treinar dragões para fazer nada. Se alguém ultrapassar os limites de suas regras, eles o deixarão tropeçando em falsas ilusões até que finalmente a pessoa entenda. Então a pessoa volta para o local de treinamento onde se desviou e começa a aprender de novo.

Você verá esses dragões com seus olhos físicos? Muito raramente. É mais provável que sinta sua proximidade. Depois que reconhecer a presença deles observando essas ações, os filhotes, os jovens e os guardiões começarão a aparecer em sua imagem mental. Afinal, os dragões têm sua existência real no Outromundo, um reino de vibrações muito mais altas do que o nosso plano terrestre. Eles diminuem temporariamente essas vibrações mais altas para trabalhar com os humanos.

Às vezes, os dragões se recusam a ensinar ou trabalhar com alguém, porque a pessoa tem mais a aprender e pode não ser respeitosa o suficiente. Eles podem trabalhar com aquela pessoa mais tarde. Isso é bastante comum com os novos clãs que tiveram que passar pelo Véu

de outros níveis. Eles tiveram pouco ou nenhum contato com os humanoides. Diferentes clãs e grupos dentro de um clã usam diferentes marcas para Magia e comunicação. Às vezes, esses símbolos aparecem brevemente em suas escalas. Alguns dragões parecem apreciar os sons leves de um pandeiro, tambor, harpa e outros instrumentos. Isso pode ser devido a sua própria linguagem, que soa como uma combinação de notas musicais e um discurso gutural. Já que nós, humanos, não os entendemos, especialmente quando aprendemos a Magia do Dragão, eles exibem símbolos mágicos em suas escamas. Isso funciona como cartões de memória para crianças humanas.

A etiqueta apropriada com dragões é tratá-los com respeito, mas não de forma "adorável". Trate-os como trataria qualquer tutor ou professor especial. Prepare-se mental e espiritualmente para a Magia do Dragão. E seja cauteloso ao trabalhar com certos clãs. Alguns gostam de enganá-lo com enigmas. Outros podem ser muito bruscos e impacientes, enquanto outros ainda não desejam ser incomodados por humanos e são mal-humorados.

Embora os curandeiros sejam encontrados nos grandes clãs, existem certos grupos que parecem ter se especializado em cura há milênios. Os professores dos clãs de cura muitas vezes parecem fazer amizade com humanos que também são curandeiros ou podem ser curandeiros em potencial.

A ética do uso da Magia do Dragão é muito rigorosa em relação a bullying com dragões, lutas de fogo ou ameaças desse tipo. Nenhum dragão participará e provavelmente tudo o que acontecerá é que os dragões cessarão todo o trabalho com você. Os humanos que insistem em tentar usar dragões para tais táticas logo perdem os verdadeiros professores e são evitados por não serem treinados.

Os dragões não toleram selas ou arreios de qualquer tipo. Se escolherem um cavaleiro atrelado a eles, os dragões têm a habilidade de virar certas escamas para apoiar os joelhos, pés e mãos. No entanto, os cavaleiros vinculados são incrivelmente raros.

Todas as disputas, julgamentos e decisões importantes são feitas pelo Conselho, que normalmente é composto pelos anciãos, mas estes podem ser substituídos pelo voto do clã por certas razões. Existe um Conselho para cada grupo para julgar a violação das regras desse clã. Se houver problemas entre os clãs, a disputa é levada ao Conselho Superior, que é formado por um ancião de cada grupo.

Os humanos não podem se tornar dragões fisicamente ou astralmente, nascer como "dragões ocultos" ou se tornar mestres de dragões. Em raras ocasiões, alguns humanos (por razões conhecidas apenas pelos dragões) recebem temporariamente a habilidade de assumir a forma de um dragão apenas no plano astral. Isso provavelmente é feito para nos dar uma amostra de como é planar, ver e sentir as coisas como um dragão faz. O dragão pode tirar essa característica tão rapidamente quanto a deu, se o seu uso for para o mal. Da mesma forma, os dragões não se tornam humanos, pois estamos muito abaixo de sua inteligência e nossa memória da história e do passado é muito mais curta. Somos assim mais lentos para prever as possibilidades de ação e reação às coisas que fazemos ou queremos fazer.

Dragões são criaturas muito astutas que tiveram uma história turbulenta no passado distante com os humanos. Eles também têm uma miríade de personalidades, mesmo entre clãs, assim como os humanos. Alguns não são tão amigáveis com humanos, enquanto outros só se interessam depois de muita observação e comunicação cuidadosa. Alguns dos últimos clãs mais sombrios são muito suspeitos e confiáveis apenas após uma interação muito menor. Os seres humanos que são arrogantes ou agressivos, ou que tratam os dragões desrespeitosamente como uma espécie a ser ordenada, são descartados como não dignos de trabalhar ou aprender. A honra é muito importante para os dragões, embora as definições de honra possam ser ligeiramente diferentes de acordo com cada clã.

Um dragão guardião, conforme discutido, é um adolescente ou novato que está aprendendo a trabalhar com humanos. Embora não tenham o tamanho, a força e o conhecimento dos dragões maiores e mais velhos, os guardiões ajudam os humanos (particularmente os mágicos) protegendo, auxiliando em feitiços e rituais e no desenvolvimento da meditação e das artes psíquicas, especialmente a adivinhação. Os filhotes e os jovens que residem com você podem não ser do mesmo clã do dragão. Isso também faz parte de seu treinamento. Alguns serão irmãos do mesmo filhote, mas a maioria não. É costume conhecer um dragão guardião antes de conhecer os dragões maiores. No entanto, essa ordem pode mudar se os dragões mais velhos assim o desejarem.

Os dragões guardiões pessoais vêm em várias cores, formas e tamanhos e são de uma Era incipiente. Muitas vezes, eles são de tons mais claros e possuem uma infinidade de tons nas escamas do ventre. Eles servem mais ou menos como aprendizes, como parte de seu aprendizado sobre os humanos e sua própria Magia, fortalecendo assim seus próprios poderes. Suas escamas são mais macias que as dos adultos e às vezes quase imperceptíveis. Para incentivá-los a participar de seus rituais, cante antes de começar:

Pequenos Dragões,
como o arco-íris sempre a brilhar,
Bons amigos deste grupo familiar.
Enviem bons votos a todos aqui presentes,
Juntem-se aos nossos ritos alegremente.
Protejam-nos a cada dia e a cada anoitecer,
Enquanto estamos acordados ou ao adormecer.
Com seu amor e vigilância,
Mantenham esta família em segurança.

Muitas vezes há dragões muito menores e mais jovens com o guardião. Geralmente são filhotes muito jovens que precisam de uma babá de dragão. Os bebês geralmente têm o comprimento da sua mão. As cores variam em todos os dragões mais jovens, revelando que os bebês e guardiões geralmente vêm de clãs diferentes. Esses dragões menores são de cor mais clara e suas escamas são macias ao toque, novamente uma pequena pista de sua tenra idade. Os dragões mais velhos geralmente têm escamas definidas e cores mais nítidas e escuras.

Os dragões respondem com poder às fases da lua, aos equinócios, solstícios e eclipses da lua e do sol. Presumo que seus planetas originais tenham o equivalente a esses períodos e, portanto, suas respostas permaneceram para corresponder ao nosso equivalente.

MEDITAÇÃO DO DRAGÃO GUARDIÃO

Sente-se em uma cadeira confortável com os pés apoiados no chão e as mãos no colo. Certifique-se de que não será incomodado por animais de estimação, crianças ou outras pessoas. Você pode decidir tocar uma música instrumental suave para mascarar os ruídos de fundo.

Faça três respirações lentas e profundas, relaxando mais os músculos do corpo a cada vez. Visualize-se rodeado de luz branca. Seu corpo relaxa cada vez mais até se sentir leve e muito confortável. Veja-se parado ao lado de um poço. Se alguma coisa ou alguém em sua vida o estiver incomodando, jogue tudo no poço. Deixe o que o incomoda cair na escuridão longe de você. Afaste-se do poço, deixando para trás todas as pessoas e eventos irritantes.

Veja a si mesmo caminhando para um gramado verde sob o sol quente. Sob uma árvore próxima há um banco de jardim. Você decide sentar lá e olhar para o campo ao seu redor. Pequenos dragões de vários tamanhos brincam nas flores e nas árvores. Eles começam a observá-lo, curiosos sobre sua aparência em seu reino.

Logo, vários calouros se aproximam cautelosamente, enviando mensagens telepáticas sobre seu propósito. Você facilmente usa a telepatia para dizer a eles que está procurando por um dragão guardião com o qual trabalhar. Um dragão adulto muito maior agora o está observando de longe, certificando-se de que os pequenos estão seguros. Os dragões guardiões perguntam o que quer aprender e planeja fazer. Vocês conversam por um tempo, aproveitando o sol e a companhia. Gradualmente, os pequenos dragões se afastam para brincar e lutar na grama macia. Apenas um fica para trás para perguntar se você aceita a oferta para ser seu dragão guardião. Quando responde que "sim", o

pequeno guardião lhe envia pensamentos felizes antes de correr para o adulto para finalizar o vínculo. O pequeno dragão volta para lhe dizer que eles se juntarão a você muito em breve, em sua próxima meditação. Cheio de entusiasmo, o guardião lhe dá o nome e diz que está ansioso para lhe acompanhar. O filhote então sai correndo para compartilhar a notícia com os outros pequenos dragões.

Você se levanta para sair e se vê deslizando facilmente para o seu corpo físico. E então estica lentamente os braços e as pernas. Sua meditação terminou.

Haverá um tempo para se familiarizar com seu dragão guardião antes que um adulto apareça para se oferecer para ser um parceiro mágico. O guardião, no entanto, pode ajudar com pequenos feitiços, como proteção para você, sua família e seus animais de estimação; conseguir uma vaga de estacionamento e outros feitiços menos poderosos. Este é um excelente momento para começar bem sua amizade e observar como os pequenos dragões se comportam.

Quanto à aparência, os dragões guardiões geralmente chegam à altura dos nossos joelhos e tiveram algum treinamento e preparação anteriores. Em termos de temperamento, eles precisam de muito menos supervisão dos mais velhos. Nem todo jovem dragão passa no teste para assumir essa responsabilidade.

Os dragões guardiões podem ajudar em seus estudos; eles também gostam de quebrar nuvens para se divertir, enviar mensagens, atrair amigos, visualizar a mente (o que os dragões chamam de "meditação") ou encontrar objetos perdidos (que podem ter pegado emprestado em primeiro lugar). À medida que vocês dois crescem em amizade e nas habilidades de trabalhar um com o outro, o guardião pode ajudar em coisas mais difíceis, como ganhar autoconfiança, melhorar sua saúde, mudar sua sorte para um caminho mais positivo, encontrar um emprego ou carreira perfeitos, proteger sua família e propriedade e até mesmo descobrir o verdadeiro amor e novas amizades.

5

CRIANDO VÍNCULO E SE COMUNICANDO

Uma das primeiras coisas importantes a se fazer é se relacionar bem com seu dragão guardião por meio de atividades mentais, tomando conhecimento de sua existência e pedindo sua ajuda. Amizade e união tornam tudo muito mais fácil para atrair um dragão mágico auxiliar, assim como se apresentar a todos os outros dragões. Não espere boas-vindas calorosas dos outros dragões até que eles o conheçam, e alguns nem mesmo assim. Como os humanos, os dragões têm personalidades individuais, junto aos seus gostos e desgostos pessoais. Muitos não tiveram contato anterior com humanos ou com os humanoides; se eles estão familiarizados com os humanoides, suas experiências podem não ter sido as melhores, então eles evitam humanos. Quando reconhecer a presença de seu dragão guardião, vocês podem praticar Magia ativamente juntos, construir uma amizade forte, ou fazer as duas coisas. Se ambos acontecerem, você está de parabéns por sua paciência e perseverança.

Dragões preferem usar a telepatia para se comunicar. Eles podem começar enviando imagens mentais de símbolos e sigilos, já que este é o método mais fácil. Sigilos são símbolos que representam mais do que um alfabeto ou objeto. A palavra vem do latim *sigillum*, que significa "selo" ou "assinatura". O selo de um ser do Outromundo ou de um espírito não é apenas sua assinatura, mas seu número de telefone e endereço reunidos em um só. Em alguns casos, o sigilo é sinônimo do próprio ser do Outromundo.

Os símbolos falam diretamente com a mente subconsciente, o que ajuda, porque a mente consciente e subconsciente (ou os lados direito e esquerdo do cérebro) têm dificuldade em se comunicar. Então os símbolos apelam a todos os sentidos ao mesmo tempo, ajudando a transmitir a mensagem.

Se for experimentar e não conseguir se lembrar da ordem das coisas nas meditações dadas neste livro, grave-as primeiro para que possa reproduzi-las enquanto medita. Assim você pode se abrir para tudo o que vê, ouve e experimenta sem se preocupar. A meditação é simples, basta compreender a parte do relaxamento. A prática e a meditação regular logo resolvem esse problema. Você ficará tão absorto com o que acontece no Outromundo que não terá tempo para se preocupar. Não se preocupe se achar que aquilo que vê pode ser uma ilusão, porque não é. Todos os seus sentidos internos, que duplicam os sentidos que você usa todos os dias, ganharão vida no Outromundo. Tudo isso está realmente acontecendo, simplesmente em outro nível de vibração.

MEDITAÇÃO DO DRAGÃO

Ao se preparar para a meditação, escolha um horário e um local onde não será incomodado.

Durante a meditação, você não estará ciente do tempo, porque o tempo é um conceito que os humanos inventaram. Também é improvável que esteja totalmente ciente do que está acontecendo ao seu redor, a menos que a mente perceba os perigos. Neste caso, você poderá retornar ao seu corpo imediatamente. Isso também se aplica caso sinta medo de qualquer coisa que encontrar durante esse período. Você nunca estará preso, confinado, em perigo de perder sua alma ou qualquer outra coisa que as pessoas temam e poderá abrir os olhos a qualquer momento e voltar ao tempo e lugar normais quando quiser.

Sente-se em sua cadeira com os pés apoiados no chão e as mãos no colo. Faça respirações lentas e profundas, relaxando cada vez mais os músculos do seu corpo. Visualize-se cercado por uma luz branca brilhante com seus espíritos guardiões ao seu lado. Seu corpo relaxa cada vez mais até que se sinta leve e muito confortável. Sinta-se parado ao lado de um poço. Se alguma coisa ou alguém na vida o estiver incomodando, jogue tudo no poço. Deixe o que o incomoda cair na escuridão longe de você. Afaste-se do poço, deixando para trás todas as pessoas e eventos irritantes.

Você caminha por um gramado verde aveludado em direção a um enorme portão de madeira em uma parede. O portão é fechado com arabescos e dobradiças de ferro, a luz do sol brilha sobre ele. Enquanto olha para a porta maciça, você estende a mão para puxar a pesada corrente presa a uma campainha. Um som profundo ecoa repetidamente até que a porta se abre lentamente. Você caminha e percebe um mundo diante de si, que tem uma variedade infinita de terrenos, luzes e sombras. Ao longe está uma longa cadeia de altas montanhas; algumas têm neve, um casal está arrotando nuvens vulcânicas. De um lado há uma planície ondulada com árvores e um pequeno rio.

Do outro lado estão as praias e um oceano de aspecto calmo. Você vê o movimento no chão e na água e no ar... grandes figuras planando. Você percebe que essas figuras na verdade são dragões.

Dê a si mesmo o tempo necessário para explorar este estranho mundo novo. Assim que pensar em um lugar, você será transportado para lá. Seja educado caso se aproxime de um dragão. No momento que sentir o final chegando, pense no portão e se veja imediatamente voltando para lá. O portão se abre e você passa por ele. Instantaneamente, você se encontra de volta ao seu corpo físico. Mova seus dedos e pés lentamente até se sentir confortável novamente no plano físico. A mediação está encerrada.

Como o tempo não tem significado para os dragões, eles têm uma compreensão firme da energia planetária em todos os níveis do Multiverso e das vibrações espirituais por trás de tudo. No entanto, eles parecem reconhecer os equinócios, solstícios, luas novas e cheias e eclipses do Planeta Terra, pois semelhantes aparecem de uma forma ou de outra em todos os planetas do Multiverso. E cada estação tem um dragão responsável por suas energias.

Seu dragão mágico auxiliar é o melhor guia que terá para encontrar outros dragões, como os das estações, os elementos e os planetas, que são importantes para o seu feitiço.

Os dragões estão cientes dos fluxos de energia que mudam quando a Terra passa de uma estação para outra. Esses tempos são especialmente poderosos, já que muitos caminhos espirituais os celebraram por milhares de anos.

Equinócio da Primavera: o dragão Eiglis reflete o verde amarelado da primavera. Ele trabalha com o elemento Ar e com o dragão Sairys. Esta época do ano é boa para fazer trabalhos relacionados ao reino mental. Temporada útil para iniciar novas ideias ou ciclos que exigirão períodos mais longos para serem concluídos; portanto, o período é ideal para esforços de autoaperfeiçoamento, criando motivação, mudanças de carreira ou moradia, melhorando o status material, estabelecendo metas futuras e fortalecendo a si mesmo espiritualmente.

Solstício de Verão: o dragão Suuriy brilha em vermelho granada e trabalha com o elemento Fogo e com o dragão Fafnir. Ele é o melhor para qualquer coisa que envolva o reino da ação. Nesta época do ano, os fluxos de energia estão mais longos e mais rápidos. Esta é uma boa estação para armazenar energia vibracional aplicando nós em um cordão vermelho e usando-o quando as marés da Terra baixam. Continue a trabalhar em feitiços e objetivos de longo prazo.

Equinócio de Outono: o dragão Shadalyn aparece em uma cor marrom esfumaçada e trabalha com o elemento Água e com o dragão Naelyon. Ele é mais útil para assuntos relacionados ao reino emocional. À medida que as marés de energia da Terra começam a diminuir, ainda é possível armazenar energia por meio de nós em um cordão azul.

Solstício de Inverno: o dragão Aettall é de um azul muito aguado. Ele trabalha com o elemento Terra e com o dragão Grael. A época do inverno é propícia para coisas relacionadas ao reino físico. Este é o momento ideal para praticar a adivinhação e limpar física e espiritualmente sua casa e sua vida e definir metas para o próximo ano. Faça feitiços de curto prazo, que estarão prontos para se manifestar perto do próximo Equinócio de Primavera.

Para se sintonizar com as estações, considere seriamente como se relaciona com cada uma delas, o que exigirá profunda veracidade. Se o seu dragão guardião tiver alguma entrada mental, considere-a com cuidado. Talvez você tenha tentado manifestar algo na estação errada ou não considerou as fases da lua e os dias/horas planetários. Nós, humanos, fixamos nossas mentes em algo que queremos que se manifeste e muitas vezes não consideramos tirar proveito de todas as partes que deveriam entrar em um feitiço.

Seu guardião pode ser uma grande ajuda neste e em qualquer feitiço. Quanto mais interagir com seu dragão guardião, mais forte vai se tornar o vínculo entre vocês. Trabalhar juntos também prepara você para o trabalho mais intenso com a Magia de parceria que eventualmente fará parte de sua vida.

MEDITAÇÃO PARA AJUDA MÁGICA

Ao se preparar para a meditação, escolha um horário e um local onde não será incomodado.

Durante a meditação, você não estará ciente do tempo e é improvável que esteja totalmente ciente do que está acontecendo ao seu redor, a menos que a mente perceba algum perigo. Neste caso, você poderá retornar ao seu corpo imediatamente. Isso também se aplica caso sinta medo de qualquer coisa que encontrar durante esse período. Você nunca estará preso, confinado, em perigo de perder sua alma ou qualquer outra coisa que as pessoas temam e poderá abrir os olhos a qualquer momento e voltar ao tempo e lugar normais.

Sente-se em sua cadeira com os pés apoiados no chão e as mãos no colo. Faça respirações lentas e profundas, relaxando cada vez mais os músculos do seu corpo. Visualize-se cercado por uma luz branca brilhante, com seus espíritos guardiões ao seu lado. Seu corpo relaxa cada vez mais até se sentir leve e muito confortável. Sinta-se parado ao lado de um poço. Se algo ou alguém na vida o estiver incomodando, jogue tudo no poço. Deixe o que o incomoda cair na escuridão longe de você. Afaste-se do poço, deixando para trás todas as pessoas e eventos irritantes.

Você se encontra mais uma vez nos enormes portões de ferro que levam ao mundo dos dragões. Com seu dragão guardião ao seu lado como companheiro e guia, você toca a campainha pendurada em um dos lados das portas.

Um dragão adulto abre os portões e o convida a entrar. Você diz a ele que está procurando um parceiro mágico.

Ele diz:

VOCÊ ENCONTRARÁ AQUELES QUE DESEJAM SER PARCEIROS MÁGICOS PERTO DA CACHOEIRA.

Ao fechar os portões, seu dragão guardião olha para você e em seguida conduz o caminho por uma trilha ladeada por flores e árvores altas. Você ouve o respingo e o gotejamento da água próximo. Quando vocês fazem uma curva no caminho, veem à sua frente um riacho de água caindo suavemente sobre rochas cobertas de musgo. Ao redor da piscina abaixo da cachoeira, estão muitos dragões adultos sentados ao sol ou dormindo nas proximidades. O zumbido de telepatia percebido a princípio silencia quando os enormes dragões se voltam para olhar para você.

Meu amigo veio perguntar se um de vocês quer ser um parceiro mágico, diz seu pequeno guardião.

Sim, por favor, você diz. Preciso de ajuda para aprender a Magia do Dragão.

Você sente os dragões lendo suavemente seus pensamentos e avaliando seus desejos e potencial. Finalmente, um dragão avança, olha de perto e diz:

Vou lhe ajudar. Meu nome é *(o dragão lhe dá o nome dele)*. Você vai precisar estudar muito e meditar com frequência para que nossos laços mentais se tornem mais fortes.

Você agradece ao dragão e volta para o portão, que se abre e todos passam.

Instantaneamente, você se encontra de volta ao seu corpo físico. Mova seus dedos e pés lentamente até se sentir confortável novamente no plano físico. A mediação está encerrada.

O primeiro projeto que seu parceiro mágico lhe pedirá para fazer é construir uma pirâmide, que pode ser feita de papel, papelão ou folhas de cobre claro se você souber um pouco de solda. O papelão não é difícil de usar. Basta marcar o papelão em cada ponto onde ele precisa dobrar e colar ou prender com fita adesiva no lado com abas. Se desejar, você pode pintá-lo.

Em um pequeno pedaço de papel, escreva três coisas que deseja em sua vida. Coloque o papel sob a pirâmide. À medida que suas solicitações forem atendidas, risque-as da lista. Faça também um feitiço de vela por pelo menos um de seus desejos para ajudá-lo a se manifestar mais rapidamente. Exemplos de feitiços com velas são dados no Capítulo 8.

Sugiro começar com pequenos desejos para que possa aumentar sua confiança à medida que eles se manifestam. Alguns desejos exigem muita reflexão, preparação e procedimento mágico antes que possam acontecer. Magia exige paciência e prática. Não desanime.

6

MAGIA E PSIQUISMO

Quando você trabalha para aumentar as habilidades psíquicas, eventualmente começa a usar partes do cérebro não usadas antes. Isso pode resultar em dores de cabeça ou sensação de aperto entre e logo acima das sobrancelhas. Uma vez que novas vias neuronais são ativadas, elas não ficam estáticas, mas se fortalecem e se ramificam. A Magia e o Psíquico crescem juntos em força.

Toda Magia é a coleta e solidificação da energia fortalecedora para um propósito específico. Você deve ter a certeza, como no trabalho do clima, de que o feitiço não cause danos de maneiras imprevistas.

A Magia é apenas uma ferramenta. Vontade, disciplina, visualização, intenção e determinação são os poderes por trás da Magia, que se manifesta de inúmeras maneiras, muitas das quais parecem nos surpreender. A forma como a Magia manifesta um feitiço pode ser de maneiras inesperadas. O fato de ela se manifestar deve lhe dar um sentimento de confiança.

Todas as coisas no Universo, e na própria natureza, sobrevivem no fio da navalha que separa harmonia e caos. É por isso que a

Magia funciona quando você a pratica o suficiente. Aprender a colocar sua intenção e força de vontade no ponto certo para a pressão adequada manifesta a Magia.

Sabemos que a maneira como cada pessoa trabalha a Magia deixa assinaturas que são tão individuais quanto impressões digitais. Todos os Magos, até mesmo os dragões, individualmente ou em um clã, têm uma assinatura pessoal semelhante.

A consciência humana, o subconsciente e a superconsciência são substâncias fora dos limites do corpo humano; eles são uma energia altamente ordenada, capaz de mudar o mundo físico. De fato, os efeitos de massa das mentes humanas podem ser medidos em geradores de eventos aleatórios. Após o 11 de setembro, o laboratório de pesquisa de anomalias de engenharia de Princeton, na Califórnia, encontrou essa evidência surpreendente de mentes humanas em trinta e sete geradores de eventos aleatórios em todo o mundo. Isso pode trazer ordem ao caos, fazendo paralelo com a antiga crença espiritual de uma consciência cósmica, de que a intenção humana é capaz de interagir com a matéria física. Meditações e orações em massa produzem eventos semelhantes em geradores de eventos aleatórios.

O consciente, o subconsciente e o superconsciente, segundo Freud, não são partes do corpo ou da mente humana, mas de outra dimensão. O consciente é quando estamos mais cônscios, pois está conosco constantemente para ajudar a nos guiar pela vida. O subconsciente afeta o corpo e a mente de acordo com o que experimentou através da consciência, e pode até mesmo causar doenças físicas e/ou problemas mentais, seja desta vida ou de uma vida passada. O superconsciente é a grande mente que está conectada a todos que já viveram, a todas as culturas e a tudo na história deste mundo.

A arte da Magia, em todas as suas formas, tem sido praticada e estudada há milhares de anos. Se a Magia não funcionasse, se os resultados tangíveis não fossem vistos, os humanos teriam desistido dela séculos atrás. Mas ainda estamos aprendendo sobre Magia e novos métodos (para nós) de torná-la mais eficiente e produtiva. De alguma forma, dragões e Magia parecem andar juntos. Os próprios dragões são criaturas mágicas, mas a conexão vai além disso – dragões são mestres no uso da Magia.

Conhecimento é igual a energia, que é igual a matéria, que é igual a massa. A massa distorce o espaço que cria a manifestação. Esta é a maneira dos dragões explicarem à Magia e como ela funciona. Os humanos reconhecem a declaração como sendo científica. Ambas as descrições estão corretas.

Os estados de sonho ou meditação profunda são as únicas situações nas quais nossos sentidos psíquicos interagem livremente com nossos outros cinco sentidos sem distinção. Quando sonhamos, nossa capacidade natural de distinguir entre o normal e o paranormal também desaparece. Como em tantos assuntos, quanto mais se aprende sobre o assunto, mais interessante ele se torna.

Durante o estado de sonho, a mente fica livre para trabalhar em um problema com os sentidos psíquico e normal de uma maneira única e extremamente criativa que não pode ser duplicada no estado de vigília. Esses dois sentidos operam separadamente durante as horas de vigília para que possamos manobrar com segurança. Muitas coisas são invisíveis para nós quando estamos acordados.

Nomes têm poder psíquico. Ao longo da história, muitas culturas acreditaram nesse poder, de modo que se outra pessoa não soubesse o nome secreto (do meio) de alguém, nenhuma maldição poderia ser lançada. É por isso que tantos praticantes adotam um nome secreto para trabalhar com Magia. Dizer o nome mágico de outra pessoa é dar uma parte de sua identidade – daí em diante, o receptor tem algum tipo de poder sobre o doador.

Em um ataque mágico, às vezes com muita cautela, você pode "cavalgar o feixe" de volta ao remetente e bloqueá-lo. No entanto, é muito mais seguro usar feitiços de espelho ou de proteção. A primeira coisa que deve fazer se achar que está sob ataque mágico é certificar-se de que seja verdade. Se estiver projetando pensamentos negativos sobre situações ou outras pessoas, pode estar atraindo energias negativas para si mesmo. Se você é o destinatário de uma série de má sorte e não é culpado de insistir no negativo, pode ter a certeza de que está pelo menos sob a má vontade de alguém. Na maioria das vezes, esses fluxos de má sorte podem ser facilmente controlados com um feitiço simples que faz uma ação de "devolver ao remetente". Veja o Capítulo 8 para exemplos.

Um Mago deve aprender a colocar limites nos feitiços para evitar que eles se manifestem de maneiras indesejadas. Primeiro, tenha o cuidado de definir os limites do campo do feitiço; ou seja, determine exatamente o que o feitiço deve fazer. Então você precisa determinar a duração do feitiço. As coisas se desgastam com o tempo, mas alguns resíduos permanecerão; melhor ter a certeza de que isso não aconteça, que quando seu tempo terminar, ele seja absorvido de volta ao astral. Uma vez que todos os feitiços funcionam melhor quando são feitos de acordo com os planetas, fases da lua e tal, o ideal é usá-los ao lançar seu feitiço. É necessário também pensar na extensão do feitiço – você deseja que ele afete sua família, seus amigos, as pessoas ao seu redor ou outra pessoa? Por último, mas certamente não menos importante, procure ter a certeza de que, se o feitiço ricochetear por qualquer motivo, você e os seus não serão prejudicados; melhor que o feitiço seja dissipado na terra. Isso é especialmente importante se a sua Magia foi encerrada com o Feitiço da Criação (Capítulo 8).

Feitiços e rituais são organizados de acordo com seus poderes e correspondências especiais, fases da lua, fases anuais e combinações planetárias. A Arte está ligada a rituais e feitiços, bem como na cura de dragões. Assim, o uso de símbolos e sigilos esculpidos, ou o desenho deles no papel, intensificará a concentração e elevará o nível de poder astral para conjuração mais forte.

Por causa dos milhares de anos de poder sendo aumentados nos solstícios, equinócios, eclipses e fases da lua, essas datas particulares tornaram-se poderosas em si mesmas neste plano terrestre. Por exemplo, se houver duas luas cheias em um mês, a segunda é uma "Lua Azul" e tem o dobro de poder para aumentar os feitiços. Se houver duas luas novas em um mês, a segunda é chamada de "Lua Negra", que nos dá o dobro de energia para feitiços destinados a diminuir alguma coisa. Os eclipses afetam os feitiços de acordo com o signo do zodíaco em que acontecem. Os efeitos dos eclipses solares duram mais tempo, embora tenha-se em mente que a chance de um eclipse total diretamente sobre você é bastante rara. Os eclipses equilibram ou diminuem as coisas em sua vida, dependendo do que está acontecendo nela no momento.

Solstícios e equinócios não são nem positivos nem negativos – simplesmente simbolizam a progressão da vida ao longo do ano. No Hemisfério Norte, o Equinócio da Primavera em abril é bom para plantar ideias ou fazer planos que levarão tempo para serem concretizados. O Solstício de Verão em junho é para trabalhar nossas ideias e planos. O Equinócio de Outono em setembro é um período de colheita, e o Solstício de Inverno em dezembro é um período de descanso, onde se reforma planos que não saíram como desejado ou se trabalha em ideias e planos para começar no próximo Equinócio de Primavera.

Runas, símbolos e sigilos têm nomes, formas e atributos. Eles são constelações de forças que se agrupam em cada símbolo separado. Um único sigilo feito adequadamente com as palavras e pensamentos apropriados pode atrair seus atributos para si e cercar-se deles. Consulte o Capítulo 5 e o Apêndice para saber mais sobre isso.

Seja qual for a energia que colocamos no Universo, boa ou ruim, ela permanece conectada a nós por um tempo. É como se houvesse um fio invisível ligado a ele. Eventualmente, esse fio volta e não há como saber o que mais ele encontrará ao longo do caminho. Não há como saber o que, se houver, ficará emaranhado no fio. Usar pedras protetoras adequadas mantém as energias negativas longe de você.

Energia é energia, seja na forma normal ou psíquica. Usar uma quantidade intensa de energia lhe dá uma sensação de adrenalina se fizer isso de forma errada, mas depois você paga o preço com a exaustão. Isso também pode acontecer quando se é um novo praticante.

Muitos humanos são incapazes de detectar marcadores visuais sobrenaturais, quase como daltonismo. No entanto, só porque você não pode ver a luz ultravioleta não significa que ela não esteja lá. Para fins mágicos, deve-se fazer meditação e aprender a mudar os modos mentais para detectar acontecimentos psíquicos. Alguns dos níveis universais próximos ao nosso fazem uma espécie de dança orbital vacilante. Às vezes, eles não estão todos próximos o suficiente para passar do nosso para o deles. Quando um desses níveis raramente chega perto o suficiente de nós, há muitos avistamentos de OVNIs, espíritos e outros fenômenos.

Praticantes de Magia e meditação sabem que as coisas não acontecem instantaneamente; tempo e energia são necessários para preparar e executar qualquer feitiço. Autodisciplina, visualização, paciência e perseverança são características valiosas a serem cultivadas, que permitem que você seja o executor – não a vítima – dos eventos de sua vida.

Para trabalhar a Magia, você tem que enganar parte do seu cérebro para cooperar. O cérebro direito tenta ignorar todas as regras lineares, porque esta metade do cérebro vê a realidade e a possibilidade em termos do infinito, um conceito que o cérebro esquerdo não pode conceber como real. Para o lado direito do cérebro, não existe tempo. Para o lado esquerdo do cérebro, tudo funciona no tempo. Tudo o que não pode ser visto pelos olhos humanos, tocado, provado ou aprisionado em um recipiente de laboratório não pode ser real, o lado esquerdo do cérebro nos diz. No entanto, não pode explicar certas coisas que acontecem, não importa o quanto tente.

Magos do mundo todo sabem o valor de fazer amizade com um dragão e fazer com que ele adicione energia aos feitiços. Um dragão voluntário como parceiro mágico pode triplicar o poder do Mago humano na Magia, seu poder criativo, antes mesmo do feitiço começar. Se o Mago consolidar um vínculo com um dragão auxiliar de forma positiva – como parceiros iguais – cada um é capaz de contribuir com um ingrediente diferente para o trabalho e os feitiços começam a se manifestar mais rápido.

Mesmo que não tenha ouvido falar de nada mais sobre astrologia além do seu signo do zodíaco, provavelmente já ouviu falar sobre Mercúrio retrógrado, o distribuidor de caos da Lei de Murphy. Três a quatro vezes por ano, durante cerca de três a quatro semanas de cada vez, o planeta Mercúrio parece se mover ao contrário quando comparado com a Terra. Outros planetas também ficam retrógrados, mas nenhum deles produz a incerteza e o caos de Mercúrio. O pequeno Mercúrio afeta recursos vitais como computadores, telefones, qualquer dispositivo eletrônico ou tecnológico. Mensagens, pacotes, pagamentos por correio e especialmente e-mails desaparecem no Multiverso, para nunca mais serem vistos. Arquivos podem evaporar do seu computador, isso se todo o sistema não travar, deixando você para reinstalar tudo. As comunicações estão um quarto desligadas com quase todo mundo. Em algumas formas, é como se os hunos chegassem de repente à cidade! Mercúrio retrógrado afeta cada signo do zodíaco de maneira diferente, especialmente os signos pelos quais ele se move, então é preciso ter cuidado especial com a forma como se profere os feitiços e ser extremamente cauteloso ao usar sua vontade e intenção, caso conjure durante este evento retrógrado.

Você vai descobrir que quanto mais usar a Magia, mais forte e preciso o lado psíquico de sua natureza vai se tornar. Os dois atributos se fortalecem e se equilibram.

PREPARAÇÃO PARA MAGIA COM DRAGÕES

Os dragões e os humanos parecem ter mais em comum do que se imagina. Dragões têm honra, verdade, caminhos espirituais e geralmente vivem uma boa vida com a mesma consideração que nós. Podemos não ver exatamente muitas coisas da mesma maneira, mas parece que chegamos às mesmas conclusões. Quanto mais interagimos uns com os outros, mais próximos nos tornamos como parceiros no trabalho em todos os níveis, mais especificamente com a Magia. Isso é uma coisa maravilhosa!

Para realizar a Magia em todos os níveis e assim equilibrar tanto você como a sua vida, vai precisar trabalhar em si mesmo mental e espiritualmente, bem como em seus desejos físicos e materiais. Até os dragões sabem da importância do espiritual, embora eu nunca tenha aprendido nada sobre como eles veem pessoalmente os assuntos espirituais, exceto como parte da Grande Fonte. Acima de tudo, lembre-se de que cada dragão tem uma personalidade individual com emoções, ações e reações, gostos e desgostos. O tipo de clã também pode influenciar nisso, deve-se tomar cuidado se optar por trabalhar com certos clãs: eles podem ser complicados com as respostas, enganá-lo ou

ignorá-lo completamente. Parte do discernimento que precisa aprender é ser capaz de ver através desse tipo de engano, já que esses clãs simplesmente não confiam ou não gostam de humanos. No geral, é melhor confiar no seu dragão guardião e no seu parceiro mágico.

O foco de todo ser, a verdade mais íntima ou essência de algo, é o que os Magos chamam de "nome verdadeiro" desse ser: entender isso é a chave para a Magia, e a habilidade de discerni-la é a marca de um verdadeiro Mago. As consequências de nossas ações são sempre tão complicadas, tão diversas, que prever o futuro é uma tarefa muito difícil. O primeiro assunto a ser compreendido é você mesmo.

Ao se preparar para aprender sobre os elementos, você precisa perceber que pouco ganhará se não empregar todos os seus sentidos: visão, tato, paladar, audição, sensação e olfato. Quando puder usar seus sentidos e eles lhe fornecerem informações de volta, você estará no caminho certo para fazer uma Magia produtiva.

MEDITAÇÃO SAZONAL

Ao se preparar para a meditação, escolha um horário e um local onde não será incomodado.

Durante a meditação, você não estará ciente do tempo e é improvável que esteja totalmente ciente do que está acontecendo ao seu redor, a menos que a mente perceba algum perigo, caso em que você será capaz de retornar ao seu corpo imediatamente. Isso também se aplica caso sinta medo de qualquer coisa que encontrar durante esse período. Você nunca estará preso, confinado, em perigo de perder sua alma ou qualquer outra coisa que as pessoas temam e poderá abrir os olhos a qualquer momento e voltar ao tempo e lugar normais.

Sente-se em sua cadeira com os pés apoiados no chão e as mãos no colo. Faça respirações lentas e profundas, relaxando cada vez mais os músculos do seu corpo. Visualize-se cercado por uma luz branca brilhante, com seus espíritos guardiões ao seu lado. Seu corpo relaxa cada vez mais até você se sentir leve e muito confortável. Sinta-se parado ao lado de um poço. Se alguma coisa ou alguém o estiver incomodando, jogue tudo no poço. Deixe tudo cair na escuridão longe de você. Afaste-se do poço, deixando para trás todas as pessoas e eventos irritantes.

Você e seu guardião estão parados em um corredor que dá para quatro portas. Você abre a porta marcada PRIMAVERA e entra. Veja as árvores florescendo ou exibindo novos brotos de folhas. Algumas flores precoces estão desabrochando ao longo de um caminho, enchendo o ar com um perfume suave e doce. Estende a mão para tocar os amentilhos macios e felpudos em um salgueiro. Você e seu guardião exploram por mais alguns minutos e então voltam pela porta.

Ao fechar a porta da PRIMAVERA, abre-se a entrada para o VERÃO. Você entra em um prado ensolarado e quente, coberto de grama alta e flores silvestres. Os pássaros estão por toda parte. Você ouve grilos na sombra das árvores e continua a explorar por vários minutos, percebendo a diferença entre primavera e verão. Então você e seu guardião voltam pela porta.

Ao passar, uma enxurrada de folhas brilhantes de OUTONO soprando pela porta de Autumn aparece à sua frente. Você vê um campo de abóboras coloridas decoradas com espantalhos. O ar está fresco; a lua cheia brilha no alto. Uma caneca de sidra está sobre um toco no canteiro de abóboras; você prova e descobre que tem um sabor fresco e agradável. Depois de explorar por um tempo, você volta pela porta.

A porta marcada como INVERNO está aberta. Uma chuva de flocos de neve flutua em uma rajada de ar frio. Você visualiza um casaco e um chapéu e os coloca para se proteger do frio. À sua frente está uma rua ladeada por árvores. As luzes coloridas refletidas brilham na neve. Várias casas são decoradas também. Você sente a felicidade no ar. Felicidade que logo crescerá no novo ano. E então ouve os sinos da igreja e o canto distante de um grupo de cantores. Você e seu guardião andam um pouco antes de voltar pela porta.

Instantaneamente, você se encontra de volta ao seu corpo físico. Mova seus dedos e pés lentamente até se sentir confortável novamente no plano físico. A mediação está encerrada.

Agora é o momento de pensar sobre o que vivenciou em cada estação. Quais foram seus sentimentos em relação a cada uma delas? Você estava usando todos os seus sentidos? Pense em suas outras meditações. Seus sentidos estão melhores do que quando começou? Para se tornar um Mago proficiente, é preciso fortalecer os sentidos tanto no reino físico quanto no astral. Isso é necessário para a manifestação de seus feitiços e para se proteger.

Terra, Ar, Fogo e Água são forças naturais. Nos trabalhos com feitiços, não são os elementos que não são naturais, mas a maneira como eles são combinados. Para atingir um fim, basta alterar o equilíbrio da ordem natural e distorcer o padrão atual, apenas por um tempo. As forças da manifestação não precisam enviar as coisas para um estúdio de efeitos especiais para atingir seus objetivos.

Se as estações começarem a flutuar muito fora dos ciclos, os dragões das estações devem determinar a causa e agir em conjunto com os dragões elementais para retificar as estações. Os dragões do clima também ajudam.

OS ELEMENTOS

A maioria dos Magos está ciente dos quatro elementos usuais que são necessários para realizar a Magia e fazê-la funcionar corretamente. Tradicionalmente, são: Terra, Ar, Fogo e Água. No entanto, os dragões têm seis elementos: Terra, Ar, Fogo, Água, Tempestade e Espírito (ou como eles chamam, "Olho do Dragão"). Observe os sigilos desses elementos cuidadosamente antes de fazer a meditação. Você pode copiá-los, cortá-los em seu tamanho circular e colá-los em papelão fino. Sempre que fizer rituais, poderá definir esses sigilos nas direções apropriadas para tornar sua Magia mais poderosa. Considere o uso de uma bússola para se certificar de que as direções estão corretas. Muitas vezes achamos que sabemos onde fica o Norte, por exemplo, mas podemos estar um quarto de volta fora dele.

O elemento Ar é governado pelo dragão Sairys, é amarelo puro e está associado à direção Leste. Funciona com qualquer tipo de movimento do ar, bem como com qualquer projeto que lide com o reino mental.

Governado por Fafnir, o Fogo é vermelho puro e está associado ao Sul. Além do fogo físico, este elemento afeta todas as ações físicas, mudanças e força de vontade. Também pode ser usado ao trabalhar na ação espiritual, como mudanças internas.

A Água é regida pelo dragão Naelyon, é azul e está associada ao Oeste. Funciona com o reino emocional, bem como com toda a água, desde pequenos lagos até os oceanos.

Regida por Grael, a Terra é um elemento sólido, verde-escuro, representa o Norte e é o reino da matéria física, incluindo o corpo.

O Planeta Terra possui um campo de energia eletromagnética (uma aura), assim como os humanos. Este campo é composto de várias forças de energia elemental em fluxos positivos e negativos.

Quando todos os quatro elementos são fortalecidos ao mesmo tempo e equilibrados com a Terra, essa energia se transforma em uma força de manifestação dinâmica chamada "Tempestade".

O elemento Tempestade, guardado pelo clã Portadores de Tempestades liderado por Charoseia, é muito mais forte do que os quatro elementos mais o espírito. Se você trabalha com pedras associadas à Tempestade, elas criam grandes transformações, limpezas e mudanças radicais na vida. Use essas pedras apenas por curtos períodos e somente quando estiver pronto para tais mudanças maciças em seus mundos interno e externo.

Tempestade é um elemento que é melhor não formar artificialmente, mas, sim, permitir que se forme por si só. Este elemento é um elo ou uma ponte para o vazio dos dragões do caos, que destroem e criam, ou, neste caso, recriam como parte de um padrão de energia. A Tempestade entra em ação quando o caminho da vida de um ser ou a direção do futuro de um planeta ou galáxia sai do curso. Com os humanos, isso geralmente acontece quando a pessoa passa pelo que é chamado de "a noite escura da alma". A pessoa sabe que mudanças drásticas são essenciais, mas não vê soluções. É aqui que os Portadores de Tempestades entram em ação, tirando as decisões das mãos e do controle da pessoa. Mas quando as nuvens se dissipam e os relâmpagos cessam, aqueles que passam por esse período na vida descobrem que eles mesmos e sua direção mudaram de uma maneira que jamais esperavam, porém apenas se aceitarem a limpeza. O elemento Tempestade trabalha com uma regra: aceite a transformação, trabalhe com ela e torne-se mais forte, ou seja destruído por ela.

A única maneira de realmente compreender o essencial do funcionamento dos elementos é vivenciar cada um deles por meio de uma meditação profunda. Este tipo de meditação envolve todos os sentidos, aqueles que você ainda tem e pode usar ao viajar para Outromundo. Seu sentido neste nível será mais forte, mais brilhante e mais aguçado do que os deste plano físico.

MEDITAÇÃO DO ELEMENTO

Ao se preparar para a meditação, escolha um horário e um local onde não será incomodado.

Durante a meditação, você não estará ciente do tempo e é improvável que esteja totalmente ciente do que está acontecendo ao seu redor, a menos que a mente perceba algum perigo. Neste caso, você poderá retornar ao seu corpo imediatamente. Isso também se aplica caso sinta medo de qualquer coisa que encontrar durante esse período. Você nunca estará preso, confinado, em perigo de perder sua alma ou qualquer outra coisa que as pessoas temam e poderá abrir os olhos a qualquer momento e voltar ao tempo e lugar normais.

Sente-se em sua cadeira com os pés apoiados no chão e as mãos no colo. Faça respirações lentas e profundas, relaxando cada vez mais os músculos do seu corpo. Visualize-se cercado por uma luz branca brilhante com seus espíritos guardiões ao seu lado. Seu corpo relaxa cada vez mais até você se sentir leve e muito confortável. Sinta-se parado ao lado de um poço. Se alguma coisa ou alguém o estiver incomodando, jogue tudo no poço. Deixe o que o incomoda cair na escuridão longe de você. Afaste-se do poço, deixando para trás todas as pessoas e eventos irritantes.

Imagine-se está no topo de uma colina ao lado de seu dragão parceiro mágico. Uma brisa fresca sopra ao seu redor, varrendo o pequeno vale logo adiante. Aos poucos vai perceber que a brisa está soprando através de você e ao seu redor. Vozes e sons suaves são ouvidos, muitos vindos do outro lado da Terra. Qualquer ruído feito em qualquer lugar do globo permanece na corrente de jato até que finalmente desapareça. Você vê as moléculas de ar individuais colidindo quando passam em alta velocidade e pode sentir o gosto forte do ozônio de uma tempestade que se aproxima, à medida que essas moléculas batem em sua pele. Seu dragão salta na brisa, cavalgando as correntes vagarosamente.

Você se desprende da ideia de que não pode voar e deixa a brisa levá-lo muito acima do topo da colina. E então desce em direção ao vale com seu dragão, movendo-se logo acima das árvores, saboreando a liberdade que este evento lhe dá. Sua mente se abre para o frescor das ideias, deixando as teias de aranha voarem.

Ao olhar para baixo, descobre que se moveu rapidamente sobre o oceano. Ondas cobertas de espuma rolam em direção à praia, deixando para trás troncos e conchas ao se retirarem. Seu dragão garante que estar debaixo d'água não irá prejudicá-lo, pois eles mergulham fundo no oceano. Seguindo em frente, o dragão fala com os peixes, que giram ao seu redor enquanto você passa. O toque delicado, mas de textura áspera, de uma barbatana contra seu braço é percebido. Como quando está no ar, você descobre que os sons percorrem um longo caminho através da água. A tagarelice dos golfinhos se aproxima até que vários deles estejam nadando ao seu lado, suas risadas engraçadas atraem seu sorriso de volta. Seu reino emocional parece calmo e limpo. Enquanto os golfinhos saltam sobre a superfície do oceano em sua dança animada, você também vem à tona e vê o vermelho da lava quente e a parede de vapor logo à frente, onde um vulcão ativo se junta ao oceano.

"*Não tenha medo*", diz seu dragão. "*Você não pode ser ferido*". O dragão voa direto em direção ao vulcão e pousa próximo ao fluxo de lava brilhante. Assim que seus pés tocam o chão ao lado de seu dragão, você percebe muitas sensações que nunca experimentou antes e vê pequenos Dragões de Fogo movendo-se livremente para dentro e para fora da lava. Você os alcança e um sobe em sua mão. Vocês se olham por alguns instantes antes que o pequeno dragão dê saltos de volta para a lava quente. Ao segurar o Dragão de Fogo, você percebe que sentiu um leve calor e formigamento vindo de suas garras minúsculas. A lava sibila e estala onde encontra o frio da água, espalhando um cheiro de queimado no ar. A energia do fogo começa a percorrer seu corpo astral, enchendo-o de desejo de se mover, de ser ativo.

Enquanto vocês voam para longe do vulcão em direção a uma exuberante floresta tropical, você percebe que precisa da ancoragem do elemento Terra. Seu corpo astral absorveu um desequilíbrio vindo do Ar, da Água e do Fogo. Você mergulha direto no chão, entrando na terra sem um som e sem um sinal deixado atrás de sua entrada e depois se vira para deitar de costas, com os braços bem abertos no solo macio. Pequenos ruídos feitos por criaturas que habitam o solo são ouvidos, mas nenhum perto de você. Cada inspiração enche seus sentidos com um rico odor de sujeira e o perfume das flores. Você relaxa e absorve a energia terrestre necessária para equilibrá-lo e ouve seu dragão suspirar de prazer enquanto eles também absorvem o poder da terra. Seu corpo astral volta ao equilíbrio.

Saindo do chão, você fica ao lado de seu dragão parceiro mágico e vê um pequeno vórtice duplo pairando no ar acima da floresta tropical. Seu dragão explica que você está vendo um pequeno exemplo do elemento Tempestade, um campo de energia que se move no sentido horário e anti-horário ao mesmo tempo. Este elemento é usado para criar grandes mudanças em todas as coisas. Em qualquer momento futuro, quando sentir que esse tipo de mudança é necessário, você pode entrar no elemento Tempestade.

Ao olhar para o céu, um enorme olho de dragão dourado e preto, contra um fundo de pele branca e cristalina, está ali. Você percebe que esta é a representação do espírito dos dragões – "o olho do dragão" e então abre os braços em agradecimento por experimentar os elementos.

Instantaneamente, você se encontra de volta ao seu corpo físico. Mova seus dedos e pés lentamente até se sentir confortável novamente no plano físico. A mediação está encerrada.

Observe que nesta meditação, não o levei para o elemento Tempestade. A razão é que entrar nele é uma decisão muito pessoal e realmente gera transformação. O Mago só é capaz de entrar quando está pronto para essa experiência. Quando necessário, os Dragões do Caos apresentarão esse elemento a você e com certeza isso acontecerá mais de uma vez. Descobri que a visão deles sobre minha experiência de Tempestade é melhor do que a minha, então eu espero.

ENERGIA VIBRACIONAL

Agora que está mais familiarizado com os elementos, deve estar muito mais ciente de tudo ao seu redor, incluindo as vibrações transversais. Você será sensível às formas-pensamento, por exemplo, e será capaz de dizer se elas são positivas ou negativas.

Algumas formas-pensamento têm a capacidade de se tornar pequenos espíritos se um número suficiente deles se fundir com o mesmo tipo de energia, positiva ou negativa. Os que causam a maldade podem se mover como uma nuvem de poeira flutuante; alguns se acumulam em casas ou prédios antigos e novos. Eles podem afetar humanos e animais de estimação também. Se esses tipos de energia forem direcionados a uma determinada pessoa, eles podem interromper o fluxo do padrão de vida e afetar a saúde do corpo, da mente e do espírito – o que chamaríamos de sorte. Essa interrupção costumava ser chamada de má vontade ou mau-olhado. Na verdade, as consequências de nossas ações são sempre tão complicadas e diversas que prever o futuro é um negócio muito difícil. Simplesmente sabemos quando as coisas estão dando errado de repente e precisamos fazer algo a respeito. O remédio pode ser tão simples quanto pendurar um espelho na porta principal de casa. Limpe o espelho mensalmente e diga: *"Escudo de espelho, onde você está colocado, capture todos os males e sementes doentes, devolva-os aos remetentes e negue suas ações. Como eu digo, assim será"*.

Uma praga psíquica é uma forma de energia negativa que existe fora do reino em que vivemos. Um ser que nunca viveu na Terra. Um amuleto de proteção comum nos protege de um atacante humano, mas não de um ser psíquico desagradável. Na maioria das vezes, quando inadvertidamente nos deparamos com tal entidade, nossa energia não é forte o suficiente para ligá-los firmemente a nós. Ele pode seguir e continuar nos circulando até encontrar uma brecha em nosso escudo psíquico para que possa escapar. No processo, ele drena o máximo de nossa energia possível. Qualquer pessoa ciente disso e fazendo um feitiço negativo ou mal-intencionado pode usar a má energia para dar ao feitiço uma força extra. No entanto, deve redigir o feitiço de forma que a energia negativa não retorne. Usar ou carregar hematita (que absorve a negatividade) e ágata de fogo (que devolve a negatividade ao remetente) são úteis.

Muitas vezes, o que percebemos tem a ver com problemas em nossas auras e chakras. Cada pessoa tem muitas camadas de auras envolvendo seu corpo e muito mais chakras do que os sete conhecidos que precisam ser limpos periodicamente. Na verdade, é uma boa prática fazer uma defumação ou limpeza com incenso de sálvia ou olíbano e mirra uma vez por mês. Lentamente, mova o bastão de incenso aceso com cuidado e sem pressa pelas costas e pela frente do corpo enquanto visualiza suas auras e chakras irradiando frescor.

Como um Mago do dragão, você pode invocar mais energia de viagem percorrendo mentalmente um caminho em espiral para invocar a energia do sopro do dragão no corpo astral da terra. Cada espiral o eleva ao astral e ao lugar especial onde o Conselho do Dragão se reunirá. Percorrer fisicamente uma espiral ou labirinto, traçar as linhas de um modelo portátil ou caminhar mentalmente pela espiral muda suas ondas cerebrais e cria um estado alterado de consciência, especialmente antes de entrar em uma meditação.

CAMINHO ESPIRAL PARA A MEDITAÇÃO DO MUNDO SUPERIOR

Ao se preparar para a meditação, escolha um horário e um local onde não será incomodado. Durante a meditação, você não estará ciente do tempo e é improvável que esteja totalmente ciente do que está acontecendo ao seu redor, a menos que a mente perceba algum perigo. Neste caso, você poderá retornar ao seu corpo imediatamente. Isso também se aplica caso sinta medo de qualquer coisa que encontrar durante esse período. Voc-ê nunca estará preso, confinado, em perigo de perder sua alma ou qualquer outra coisa que as pessoas temam e poderá abrir os olhos a qualquer momento e voltar ao tempo e lugar normais.

Você se encontra em uma pequena multidão de seres parados a uma curta distância de um portão dourado muito alto. Diretamente em frente ao portão há vários dragões grandes e antigos que estão se comunicando com a Deusa, com o Deus e com uma dragonesa mais velha (chamada de *"Ela Que Habita no Interior do Maior"*) que estão logo além do portão. Embora possa ouvir suas vozes, nada do que é dito faz sentido para você. A discussão que dá para captar parece ser sobre a rotina e os vários acontecimentos em todo o Multiverso, e o fato de que a entidade da nuvem, conhecido como "o Aniquilador", não apareceu por algum tempo.

De repente, você sente o olhar da dragonesa mais velha além do portão, olha diretamente em seus olhos e sabe que nada em sua vida está escondido dela. Você sabe que seu nome é Kaudra e que ela é a guardiã da caverna de cristal, e sente vontade de ir até ela e perguntar se vai poder entrar. Seu dragão parceiro mágico aparece ao seu lado e concorda com a cabeça. Vocês dois caminham em direção a Kaudra, que se desenrola e boceja amplamente. Calorosas saudações são sentidas dentro de sua mente.

"Você deve entrar sozinho", seu dragão lhe diz. *"Se for pedir conselhos, será informado do que precisa, não do que deseja. Se ainda não está aberto a essa verdade, sente-se um pouco em uma das áreas do santuário e pense em sua vida e objetivos. Volte aqui quando terminar e eu o acompanharei a uma sessão de cura de dragões".*

Você entra na caverna sombria para se encontrar dentro de um enorme geodo forrado com cristais de todos os tipos e cores. Bem à frente está a bolha de cristal da câmara dos sonhos. Ao contornar isso, você vagueia por um corredor, olhando para as câmaras laterais que contêm assentos de meditação, camas salientes, bancos de conselho ou cadeiras e tronos com assentos menores e pequenos santuários. Ao entrar em uma câmara, o Deus ou a Deusa está sentado em um trono, esperando para falar com você. Anjos estão ao lado do trono. Acomodado no assento menor, ouve as mensagens espirituais dadas a você.

A divindade termina e desaparece. Você volta para fora e segue seu dragão até o Templo da Cura Total. O Templo fica dentro do Jardim da Sabedoria e Solidão, onde uma cerca viva cerca um jardim sem fim de todas as culturas botânicas da Terra e algumas de outras galáxias. Este jardim está repleto de santuários, templos, gazebos e abrigos cobertos de flores. Os caminhos floridos o levam a pequenos riachos, cachoeiras, fontes, lagoas e pontes curtas.

O Templo da Cura Total é um edifício maciço de mármore branco com sala após sala de mesas cobertas com cobertores ricamente bordados. Dragões e anjos estão trabalhando sobre muitas pessoas que já estão nas mesas de cura. Seu dragão o leva a uma mesa vazia onde outro dragão, uma curandeira, espera pacientemente.

Você se deita na mesa, fecha os olhos, relaxa e então ouve uma bela música e sente o cheiro das flores do jardim lá de fora. À medida que a curadora move as mãos lentamente sobre seu corpo, tocando e ajustando um lugar aqui e ali, você relaxa ainda mais sob a corrente de energia amorosa e calorosa que flui através de si mesmo em sua missão de cura.

Quando a curandeira termina, agradeça e volte com seu dragão para o grande jardim.

Instantaneamente, você se encontra de volta ao seu corpo físico. Mova seus dedos e pés lentamente até se sentir confortável novamente no plano físico. A mediação está encerrada.

8

RITUAIS BÁSICOS

A primeira parte do ritual deve ser aprender a meditar. Essa disciplina não apenas ensina a força do silêncio, mas também o prepara para a importância da visualização e da intenção tão necessárias para feitiços fortes e produtivos. Também é uma prática valiosa para trabalhar com seu dragão parceiro mágico.

O Mago deve aprender a praticar meditação pelo menos regularmente para que seja útil. A meditação estimula os centros psí quicos e ensina autodisciplina e paciência. Todo Mago também deve aprender e praticar o silêncio que, nesse sentido, significa não falar sobre os rituais mágicos que está realizando. A única exceção que conheço é se estiver trabalhando com um indivíduo ou grupo com a mesma opinião; mesmo assim, as conversas sobre o trabalho devem ser mínimas para não esgotar a energia colocada no feitiço ou ritual.

Um fato importante a ser lembrado sempre que fizer qualquer Magia, é que definitivamente isso não é um jogo. Se sua intenção é apenas o interesse pela Magia, sugiro fortemente que esqueça de tentar rituais com dragões. Atenha-se a feitiços simples de queima de velas sem qualquer apoio para eles. O poder do dragão e as energias do tipo elemental não são algo para se brincar e são apenas assunto para o Mago sério. Simplesmente brincar com a Magia do Dragão pode atrair uma reação negativa terrível. Os dragões não são conhecidos por serem cooperativos ou pacientes com praticantes de Magia insinceros; como outros tipos de poderosas entidades espirituais e astrais, os dragões rapidamente separam os dedicados dos casualmente interessados.

Se você é sincero sobre o aprimoramento de suas habilidades como Mago, desejo-lhe felicidades, de coração. Familiarizar-se com o poder do dragão é uma experiência extremamente satisfatória.

Já vimos várias meditações que podem ser usadas quando for se preparar para fazer rituais. Em vez de tentar se lembrar delas, uma opção é gravá-las em uma fita de áudio e reproduzi-las durante seus momentos de mediação. Lembre-se, você pode deixar uma meditação sempre que desejar; isso não o fará perder sua alma, não importa o que lhe disserem. Dito isso, observe que, quando sua meditação for profunda, alguém ou algo tocando ou falando com você fará com que se sinta como se tivesse levado um choque. O susto pode ser grande e vários minutos podem ser necessários para que sua respiração e sua mente voltem a funcionar corretamente.

Ritual Formal Completo

Primeiro, veja um exemplo de um ritual formal completo com a invocação dos elementos e tudo mais. Se possível, faça este ritual nos solstícios, equinócios e luas novas e cheias. Os benefícios positivos para a sua casa e sua energia são poderosos.

O que se segue é a base de todos os rituais formais de dragão. O Mago pode inserir suas próprias criações, como música, dança, meditação ou pequenos pedaços de ritual escritos em locais apropriados sem interromper o fluxo de energia. Como poderá ver lendo esta cerimônia, certas coisas precisam ser feitas em determinados momentos. Além disso, o Mago pode fazer o que parece certo pessoalmente.

Reúna tudo o que precisa dentro de sua área de ritual e faça os preparativos que puder para não ser perturbado. Para o altar, uma placa de uma estrela de cinco pontas dentro de um círculo pode ser mantida para simbolizar o equilíbrio dos elementos. Um ponto é mantido apontando para cima para simbolizar os dragões da luz e das trevas, pois eles governam todos os reinos elementais. Uma imagem ou estátua de um dragão segurando uma estrela também é útil. Você também vai precisar de um Cálice de água, velas pretas e brancas (uma de cada), um pequeno prato de sal e um Bastão.

Se estiver realizando Magia para diminuir ou reduzir algo, nos lugares que disser para circular no sentido "horário", você deve circular no sentido "anti-horário".

Coloque o altar no centro voltado para o Leste, esse será o seu ponto inicial e final. Acenda uma vela branca em uma extremidade do altar e uma vela preta na outra. Comece o ritual "desenhando" seu Círculo Mágico no chão com seu Bastão no sentido horário enquanto diz:

PELO PODER DO DRAGÃO, ESTE CÍRCULO É SELADO.

Retorne ao altar.
Aponte o Bastão para o Pentagrama do dragão e diga:

DRAGÕES DO ESPÍRITO,
OS MAIS ELEVADOS E PODEROSOS DENTRE OS DRAGÕES,
ABENÇOEM ESTE ALTAR COM SEU FOGO.
SEJAMOS UM EM MAGIA,
Ó GRANDES E SÁBIOS DRAGÕES.

Coloque o Cálice de água sobre o Pentagrama.

Circule o Cálice três vezes no sentido horário com o Bastão e diga:

AR, FOGO, TERRA, TRAGAM PODER.
ÁGUA DO MUNDO E DO MAR, PURIFICADA SEJA.

Segure o Cálice bem alto e diga:
DRACONIS! DRACONIS! DRACONIS!

Respingue a água levemente ao redor da área circulada, começando e terminando no Leste.
Coloque o prato de sal no Pentagrama.
Circule-o três vezes no sentido horário e diga:

Água, Ar, Fogo, ouça meu desejo.
Sal do mundo e do mar, purificado seja.

Coloque algumas pitadas de sal em cada canto do altar.

Circule o incenso e as ervas três vezes no sentido horário e diga:

Incenso mágico, incenso destemido,
desperte os dragões como antigamente.
Eu os chamo purificados.
Draconis! Draconis! Draconis!

Acenda o incenso e carregue-o ao redor da área circulada, começando e terminando no Leste. Devolva-o ao altar.

Fique diante do altar, com o Bastão na mão e, mentalmente, dedique a si mesmo ao estudo da Magia do Dragão. Projete seu interesse e amor pelos dragões o mais forte que puder e diga:

Eleve-se, ó sopro dos dragões.
Preencha este lugar com bondade.
Abençoe a mim e aos meus com suas energias positivas,
Afaste todos aqueles que nos desejam mal de
qualquer forma.
Dou as boas-vindas a todos os dragões que vêm a
este lugar de poder.
Que possamos trabalhar em harmonia e em amor.
Que este local sagrado se torne um paraíso de centramento.
Um refúgio que revitaliza.
Uma porta que leva ao conhecimento do Outromundo.
Que seus poderes se unam aos meus.

QUE EU, MINHA FAMÍLIA, MINHA COMUNIDADE, MEU PAÍS, O MUNDO,
POSSAMOS NOS TORNAR INTEIROS E SAUDÁVEIS NOVAMENTE.
PELOS PODERES DA ÁGUA, TERRA, FOGO E CÉUS

Em seguida, aponte o Bastão para o Pentagrama do dragão e diga:

CONTEMPLEM TODOS OS DRAGÕES E GOVERNANTES DOS DRAGÕES,
EU SOU (NOME MÁGICO), UM MAGO QUE BUSCA A MAGIA DO DRAGÃO.
COM O BASTÃO NA MÃO, EU ENTRO NOS REINOS DOS DRAGÕES.
NÃO PARA UMA BATALHA FÍSICA, MAS PARA OBTER
CONHECIMENTO E PODER.
EU OS SAÚDO, Ó DRAGÕES ANTIGOS E SÁBIOS,
E AGUARDO SUA BÊNÇÃO E ORIENTAÇÃO.

Ainda segurando o Bastão em sua mão de poder, pegue o Pentagrama em sua outra mão e olhe para o Leste. Aponte o desejo e segure o Pentagrama voltado para fora. Desenhe um Pentagrama de invocação (comece no ponto mais alto e desenhe a forma de estrela no sentido horário) com o Bastão e diga:

DE SAIRYS, GOVERNANTE DOS VIRTUOSOS DRAGÕES DO LESTE,
VEM AGORA O MARAVILHOSO PODER DO AR.

Vire agora para o Sul. Novamente, use o Bastão para desenhar o Pentagrama de Invocação. Segure o Pentagrama e diga:

DE FAFNIR, GOVERNANTE DOS DRAGÕES DO SUL,
VEM O FOGO PURIFICADOR DA BOCA DO DRAGÃO.

Vire para o Oeste. Novamente, use o Bastão para desenhar o Pentagrama de Invocação. Segure o Pentagrama e diga:

DE NAELYON, GOVERNANTE DOS DRAGÕES DO OESTE,
VEM O PODER DA ÁGUA, TRÊS VEZES ABENÇOADO.

Vire para o Norte. Novamente, use o Bastão para desenhar o Pentagrama de Invocação. Segure o Pentagrama e diga:

De Grael, governante dos dragões do Norte,
o poder da Terra agora surge.

(Neste ponto do seu ritual, insira os cânticos e trabalhos apropriados para o feitiço específico que você escolheu.)

Quando terminar, bata no altar três vezes e entoe:

Eu vos agradeço, dragões velhos e sábios,
da Terra e do Fogo, da Água e dos Ar,
por compartilharem vossa sabedoria aqui comigo.
Como desejamos, que assim seja.

Para terminar o ritual, pegue o Bastão e desenhe um Pentagrama de Banimento (desenhe uma figura de estrela começando no ponto inferior esquerdo e no sentido horário) no Leste. Diga:

Sigam em paz, dragões do Leste.
Volte novamente na hora do ritual.

Pegue o Bastão e vire para o Sul. Desenhe o Pentagrama de Banimento e diga:

Sigam em paz, dragões do Sul.
Volte novamente na hora do ritual.

Pegue o Bastão e vá para o Oeste. Desenhe o Pentagrama de Banimento e diga:

Sigam em paz, dragões do Oeste.
Volte novamente na hora do ritual.

Pegue o Bastão e vire para o Norte. Desenhe o Pentagrama de Banimento e diga:

Sigam em paz, dragões do Norte.
Volte novamente na hora do ritual.

Retorne ao altar. Levante os dois braços e diga:

Sigam em paz, ó dragões virtuosos,
Fogo, Água, Terra e Ar.
Juntos, fazemos bem a Magia;
pelo poder profundo e pelo feitiço do dragão.
Sigam em paz agora. Retornem no futuro,
para me ensinar Magia e o conhecimento antigo.
Draconis! Draconis! Draconis!

Corte o círculo passando o Bastão através da linha limite no sentido contrário. Apague os altares. Limpe o altar de todas as ferramentas, exceto quaisquer velas relacionadas a feitiços que você tenha acendido.

RITUAIS COM VELAS

Saber fazer corretamente um feitiço de queima de velas, pode ser bastante produtivo. Cada óleo e erva que você coloca na vela, cada sigilo ou símbolo que for esculpido nela com intenção concentrada, dá mais poder para ser liberado quando a vela é queimada. Eu prefiro velas votivas para tais feitiços, porque elas podem ser deixadas com segurança em um caldeirão para queimar completamente. Para remover mais facilmente os restos de cera (e geralmente há alguns), cubra o fundo do caldeirão com um pouco de óleo de cozinha. Isso evita que você tenha que cavar e raspar. Nunca queime uma vela em cima da cera anterior. Não apenas os feitiços ficarão confusos, como corre-se o risco de iniciar um incêndio.

Você pode usar o óleo sugerido em cada feitiço ou pode fazer suas próprias misturas especiais. A seguir estão várias misturas que você pode querer fazer, rotular e manter em seu altar para ocasiões em que estiver com pressa.

ÓLEO MÍSTICO

Coloque meia colher de chá de óleo de amêndoa em um frasco de 30 ml. Adicione lentamente uma gota de cada um dos óleos de canela e cravo. Adicione cinco a sete gotas de óleo de sândalo e cinco gotas de óleo de mirra. Feche o frasco, segure-o entre as mãos e cante:

> Óleo místico de luz espiritual,
> Faça minha Magia brilhante natural.
> Encha minhas velas com forte poder,
> Sempre que eu chamar para um ritual fazer.

ÓLEO DE PROTEÇÃO/DEFESA

Coloque meia colher de chá de óleo de amêndoa em um frasco de 30 ml com tampa. Adicione lentamente uma gota de óleo de cedro, uma gota de óleo de louro e seis gotas de óleo de olíbano. Segure-o entre as mãos e entoe:

DEFENDA-ME (NOS) DE TODO CAOS E CONTRARIEDADE.
COLOQUE UM LIMITE SÓLIDO AO MEU (NOSSO) REDOR À VONTADE
ATÉ QUE O PERIGO PARE E A HARMONIA ESTEJA PLENA.
A MÁ VONTADE NÃO TEM LUGAR AQUI, NÃO TEMA.

ÓLEO DA PROSPERIDADE

Coloque meia colher de chá de óleo de amêndoa em um frasco de 30 ml com tampa. Adicione lentamente cinco gotas de óleo High John the Conqueror (João, o Conquistador), três gotas de óleo de canela e oito gotas de óleo de bergamota. Segure-o entre as mãos e entoe:

DINHEIRO VERDE E PRATA RELUZENTE,
EU CHAMO VOCÊ, QUE É MEU DIREITO E ESTÁ LATENTE.

Esses exemplos de feitiços para queimar velas podem ser usados sozinhos ou como parte de um ritual mais formal, conforme descrito acima. Tudo o que você precisa é de uma pequena faca, pequenas quantidades de ervas e óleos, uma toalha de papel, um castiçal seguro para permitir que a vela queime e seu Bastão.

Comece esculpindo qualquer símbolo que escolher na vela. (Consulte o Apêndice para uma ampla escolha de símbolos, lembrando-se de usar o dia e a hora adequados para realmente dar ao seu feitiço um força extra de poder.)

Segurando com as duas mãos, sopre sua intenção na vela. Em seguida, esmague as ervas em pedaços pequenos. Levará apenas meia a uma colher de chá de ervas misturadas por vela votiva; meia colher de chá geralmente é mais do que suficiente. Espalhe as ervas em uma camada fina sobre a toalha de papel. Coloque uma ou duas gotas de óleo na palma de uma das mãos e, girando a vela no sentido horário, lubrifique-a de cima para baixo, girando-a na mão. Isso é para feitiços positivos; gire a vela no sentido anti-horário para feitiços de defesa. Em seguida, enrole-o nas ervas sobre a toalha de papel.

Acenda a vela votiva e entoe o feitiço.

Coloque a vela no suporte em local seguro; é melhor deixar queimar completamente. Circule a vela no sentido horário com seu Bastão três vezes e diga:

Deixe este feitiço continuar,
de dia a dia e de sol a sol funcionar,
até que sua intenção esteja bem iniciada,
ou sua corrida já terminada.
Se este feitiço repercutir negativamente,
envie sua energia para o solo imediatamente.
Em caso afirmativo, dissolva sua intenção e energia.
Proteja a mim e aos meus, que alegria.
Que assim seja!

Acenda e coloque a pedra na frente da vela para facilitar o fluxo da energia. No dia seguinte, descarte a cera restante e limpe o espaço do altar.

FEITIÇO DE AMOR

Necessário: vela rosa, óleo de jasmim, pétalas de rosa secas, o poder do gengibre e uma magnetita.

O verdadeiro amor está faltando em minha vida,
causando solidão, conflitos e tristeza desmedida.
Preencha esta lacuna com felicidade,
Assim, com este amor, posso ser abençoado de verdade.

FEITIÇO DE AMOR VERDADEIRO

Necessário: vela rosa, óleo de jasmim ou de rosa e pétalas de rosa esmagadas. Melhor fazer este feitiço na lua cheia ou em uma sexta-feira durante a hora de Vênus.

Só o amor verdadeiro aqui entra.
Eu vejo toda a verdade e o medo não adentra.
Meu coração está aberto e desperto,
Boas escolhas eu farei de certo.
Um a um, coração a coração,
a busca pelo amor verdadeiro se encerrou então.
Que assim seja!

DINHEIRO E PROSPERIDADE

Necessário: vela verde, óleo de bergamota ou madressilva, canela em pó, agulhas de pinheiro, agulhas de abeto e uma pedra magnetizada ou estaurolita.

A carência financeira me abala
por viver uma vida em falta.
Dinheiro, dinheiro, venha agora para mim.
Como eu desejo e que seja assim!

FEITIÇO PARA MUDAR A SORTE

Necessário: vela laranja, óleo de limão ou óleo de lótus, pó de olíbano, casca ou raspas de limão e um ímã.

Meu caminho está em uma direção negativa.
Por favor, mude esta direção para positiva.
Traga-me boa sorte e oportunidade.
Para que eu possa prosperar de verdade.
Que assim seja!

FEITIÇO PARA DESBLOQUEIO

Necessário: vela preta, óleo de cravo, pó de mirra, pó de verbena, poder de raiz de orris, madeira petrificada ou tectita.

Remova os laços negativos que me prendem
E causam infortúnio a mim e aos meus parentes.
Encha-me de luz, não de adversidade,
Agora estou livre da infelicidade.
E que assim seja!

Será útil esfumaçar sua casa com incenso de sálvia depois de acender essa vela. Talvez você também queira esfumaçar seus veículos.

CONTRAFEITIÇO

Necessário: uma casca de noz quebrada na costura e sem a carne; fio preto ou cordão fino e teias de aranha. Coloque as teias de aranha dentro da casca vazia, amarre as duas partes com linha preta e diga:

Sua má vontade nesta teia está presa,
Girando e girando com firmeza.
Seu mal na terra eu vou plantar
Para que ele não possa vingar
Assim será!

Enterre a casca no chão.

FEITIÇO DE LIMPEZA DA CASA

Necessário: velas brancas, óleo de cedro, folha de louro esmagada, canela em pó, botões de lavanda, coral ou cristal de quartzo.

Aqui o negativo não têm lugar:
Cômodo por cômodo, esta habitação vou limpar.
Pequenos dragões, comam até se fartar,
Até que apenas energia positiva permaneça neste lugar.

Esfumace sua casa ou apartamento, cômodo por cômodo, desde os cômodos dos fundos até a porta da frente. Você pode sentir a pressão da negatividade sendo empurrada à sua frente até abrir a porta e dizer aos intrusos para saírem.

Para feitiços de queima de velas, circule a vela três vezes no sentido horário para aumentar a Magia, ou três vezes no sentido anti-horário para diminuí-la. Antes de acender a vela, bata no Pentagrama do dragão e diga:

Venha, Draconis.
Por sua respiração que tudo consome, eu o invoco.
Pelo seu olhar penetrante, eu o invoco.
Por sua grande força, eu o invoco.
Por sua sabedoria antiga e astuta, eu o invoco.
Por sua Magia profunda e antiga, eu o invoco.
Venha, Draconis, ao meu chamado!

Bata levemente na vela e diga:

Draconis! Draconis! Draconis!
Ouça meu chamado.
Três vezes eu os chamo. Estão convocados!
Como o seu fogo é a chama desta vela.
Dragões, tragam o desejo do meu calor que impera.

Poder do dragão, venha até mim.
Ouça minhas palavras. E que seja assim!
Draconis! Draconis! Draconis!

Acenda a vela e diga o cântico que a acompanha. Para finalizar todos os rituais, e antes de cortar o Círculo, diga o Feitiço:

Pelo brilho do Sol, o poder começou.
Pela luz do luar, o feitiço se acertou.
Para criar desejo pela Terra e Fogo,
Água, Ar, faça a Magia se ajustar.
Poderoso encanto de fazer,
empreendimento mágico criativo pode ser.
Pela Tempestade, seja formado!

Para limpar astralmente sua casa de vibrações negativas, primeiro a limpe fisicamente e depois, unte-a com incenso de resina de sangue de dragão. Enquanto a esfumaça, entoe:

Ó grandes dragões, maravilhosos, sábios.
Toda a Terra, Ar, Água e Céu,
Luz e Trevas, junte-se a mim por trás deste véu.
Para varrer este espaço todo limpo e claro.
Fora com o mal, dentro com o bem, eu declaro.
Dragões das Trevas e da Luz.
Elementais, fortes e antigos os conduz,
Restauram o equilíbrio, dragões destemidos.

A casa deve parecer vazia agora, mas você não quer deixá-la assim. O ideal é preenchê-la com luz. Então cante:

A luz chama à luz.
Somente aqueles que são da Luz
podem aqui entrar.
O caminho está selado
para todos aqueles que me desejam mal.
Apenas à Luz dou as boas-vindas.

Termine cantando:

Ó belos dragões, adeus vou lhes dar
Fogo, Água, Terra e Ar.
Juntos, fizemos a magia com precisão,
Pelo poder profundo do feitiço do dragão.
Sigam agora em paz. Retornem, então, uma vez mais
Para me ensinar Magia e a antiga sabedoria
Draconis! Draconis! Draconis!

Para Dissolver, Parar e Aterrar um Feitiço

Você é responsável por tudo o que cria com feitiços. Algumas vezes as coisas dão errado, ou a energia mágica pode se agitar descontroladamente, causando problemas não esperados. Vai ser preciso dissolver e parar esse feitiço antes que ele cause mais estragos. Precisa também aterrar para que a energia não prejudique ninguém, inclusive a si mesmo.

O material necessário é uma vela magenta e uma preta, uma tigela de metal para conter o material queimado, um pedaço de papel com a intenção do feitiço escrita nele e uma longa faca de metal para levantar o papel para que tudo queime.

Coloque a vela preta em um suporte na parte de trás do altar, a tigela de metal com a intenção do feitiço escrita no papel no meio e a vela magenta na frente do altar. Acenda a vela e diga:

Este feitiço que enviei retorna para mim.
Interrompo sua viagem, três vezes três assim.
Seu poder flui para o chão,
que em mim não repercutirá em vão.
Terra, Ar, Água, Fogo, Dragões.
Tudo, este é o meu desejo.
Pela Tempestade, isso será feito.

Queime o papel na tigela de metal. Acenda a vela magenta e diga:

MAIS RÁPIDO QUE O PENSAMENTO DE UM DRAGÃO,
A INTENÇÃO DESTE FEITIÇO SERÁ EM VÃO.
SEU DESEJO E PROPÓSITO EU LIBERTEI.
ISSO EU QUERO. ASSIM DEVE SER

KIT DE MAGIA PARA VIAGEM

Amuletos mágicos, pedras ou ferramentas são bastante úteis e existem muitos mais do que se possa usar para diferentes propósitos. O que se segue pode ser considerado um kit mágico de primeiros socorros para viagem.

Você vai precisar de: sua pedra favorita ou uma série de pedras para cobrir várias necessidades possíveis, pequenos cones de incenso (e um queimador seguro), um perfume calmante como lavanda para borrifar sua cama ou quarto, uma pequena quantidade de sal marinho, seu diário para registrar sonhos e experiências, um ou dois amuletos da sorte, pequenas velas de chá em cores que combinam com vários feitiços mágicos e um Bastão pequeno e curto.

Exceto talvez pelo seu diário, mantenha seus itens em uma caixa ou recipiente. Você nunca sabe quando precisará trabalhar a Magia em um problema inesperado.

MEDITAÇÃO DOS GRANDES ANCIÃOS

Ao se preparar para a meditação, escolha um horário e um local onde não será incomodado.

Durante a meditação, você não estará ciente do tempo e é improvável que esteja totalmente ciente do que está acontecendo ao seu redor, a menos que a mente perceba algum perigo. Neste caso, você poderá retornar ao seu corpo imediatamente. Isso também se aplica caso sinta medo de qualquer coisa que encontrar durante esse período. Você nunca estará preso, confinado, em perigo de perder sua alma ou qualquer outra coisa que as pessoas temam e poderá abrir os olhos a qualquer momento e voltar ao tempo e lugar normais.

Você está na caverna cristalina de Kaudra, no Mundo Superior. Seu dragão parceiro mágico está presente. Você recebeu permissão para participar de uma reunião do Duaar, composta por Altos Anciãos de todos os mundos em todos os níveis do Multiverso.

À medida que todos os seres reunidos se movem para a caverna e para a bolha de cristal transparente, você vê os Anciãos sencientes de todo o Multiverso. Existem também seres míticos, incluindo elfos, fadas e anjos, e alguns que você não reconhece.

"Isso é chamado de Câmara dos Sonhos", seu dragão sussurra enquanto vocês entram atrás dos Anciãos e se sentam em um lugar discreto.

"Como os membros do Duaar são escolhidos?" você sussurra de volta.

"Eles são escolhidos devido a sua sabedoria e pelo fato de que nenhum deles jamais foi do governo ou líderes religiosos. Todos seguem caminhos espirituais de livre-arbítrio. Cada um deles trabalha com um pequeno grupo de pessoas em seu mundo original, tentando conduzi-los à Verdade. Eles esperam, desta forma, influenciar mudanças positivas."

Os Duaar discutem as dores do crescimento que afetam os planetas, incluindo a Terra, em todo o Multiverso: pandemias, guerra, violência física, preconceito, confrontos religiosos, doenças, declínio da ética, fome e pobreza, bem como a perda gradual da liberdade pessoal. Alguns membros falam com tristeza do conflito de viver em equilíbrio com um planeta e seu meio ambiente. Problemas semelhantes afetam todos os mundos representados.

Alguns planetas no Multiverso estão retrocedendo em condições sociais caóticas, que ameaçam todos os níveis de crescimento dos seres sencientes, particularmente suas opções para ainda corrigir a situação. Nenhum membro do Conselho sabe ainda qual será o resultado final.

O primeiro passo é a liberdade de caminhos espirituais sem organizações religiosas organizadas tentando impor seus pontos de vista sobre todos os outros. É quase uma decisão unânime com o Duaar que uma atitude de controle por parte de organizações religiosas e governamentais é responsável pelas respostas caóticas e indiferentes dos habitantes do mundo.

As energias devem estar mais sintonizadas com o controle populacional e fazer mudanças para uma vida feliz e positiva. Cada cultura, raça, país e planeta deve cuidar de si mesmo e pedir ajuda aos outros somente quando ocorrer um desastre. As invasões e a guerra devem terminar. Nenhuma cultura, raça, país ou planeta é como era no começo, devido à movimentação de grupos, desastres naturais e muitas escolhas erradas feitas por líderes religiosos e nacionais. É, portanto, hora de esquecer o que aconteceu no passado (exceto pelas lições aprendidas) e seguir em frente a partir deste ponto. Nunca houve, não há e nunca haverá "um caminho para todos", quer se fale de governo, espiritualidade, modos de pensar ou como alguém pensa sobre qualquer assunto em particular.

"Todos na Terra fazem parte de uma diversidade automática, como deveria ser", diz o representante da Terra. *"Esse fato deve ser percebido como verdade e aceito. Isso também se aplica a todos os planetas em todos os níveis do Multiverso. Todos os planetas bem-sucedidos aceitaram e aplicaram essas ideias de comum acordo, depois de experimentar milhares de anos de história violenta semelhante à da Terra. Ao fazer isso, a maioria desses planetas retirou sua própria existência da beira da desintegração total."*

Todos concordam com a cabeça, sabendo que esta é a verdade, mas percebendo que não ousam impor esta verdade pela força.

Você sente o dragão Kaudra enquanto ela projeta a imagem dos fios de todos os futuros possíveis no teto da Câmara dos Sonhos.

"São poucos os eventos que não podem ser mudados". A voz telepática de Kaudra é ouvida por todos. *"Você só pode tentar."*

Você observa os Duaar enquanto eles enviam correntes de energia positiva das pontas de seus dedos para influenciar fusões de fios e enquanto tentam tecer fios com suas mãos e mentes.

Silenciosamente, para não atrapalhar sua concentração, você sai da reunião. No entanto, você tem uma esperança renovada para a Terra e uma maior compreensão dos pesados deveres dos membros do Duaar.

Instantaneamente, você se encontra de volta ao seu corpo físico. Mova seus dedos e pés lentamente até se sentir confortável novamente no plano físico. A mediação está encerrada.

9

OS PRIMEIROS CLÃS QUE VOLTARAM PARA ESTE PLANO

Escrevi sobre os primeiros clãs em meu livro *Mystical Dragon Magick*. Eles vieram para a Terra com os humanos que fugiram de seus mundos moribundos no espaço. Esses humanos se estabeleceram na Atlântida e espalharam seu conhecimento da civilização entre os humanos que já estavam aqui. Após a queda de Atlântida e a perseguição das espécies mágicas, os dragões se retiraram para outro plano de existência. Gradualmente, os dragões fizeram breves aparições para as pessoas nesta linha do tempo.

À medida que nos tornamos mais abertos às possibilidades da vida no plano astral e em outras linhas do tempo, os dragões decidiram se tornar mais abertos a transmitir informações.

Os Clãs Nascido das Estrelas e Estrela Lunar foram formados durante o exílio voluntário. O Clã Nascido das Estrelas decidiu incluir apenas grupos especializados em seu clã; o Estrela Lunar, muito mais social, fornece aos humanos parceiros mágicos, professores e guardiões.

Dragões do Clã Nascido das Estrelas têm cinco garras. Às vezes, os membros de ambos os clãs têm três presas frontais superiores. Os membros Nascido das Estrelas também interagem menos com os humanos e possuem cores em tons primários, com manchas, listras ou remendos indistintos. Eles usam o pingente do Grande Selo do Dragão e são definitivamente muito distantes.

O Clã Estrela Lunar se parece muito com os dragões do Clã Nascido das Estrelas. No entanto, eles trabalham com humanos e outros seres o tempo todo. Eles se distinguem do Clã Nascido das Estrelas por usarem um simples pingente de estrela de cinco pontas. Se eles não têm pés com quatro garras, têm longas crinas semelhantes a penas. Outra diferença é que o Clã Estrela Lunar têm muitos subclãs a eles relacionados que compõem o clã principal.

"Aquela que Dorme" se tornou "Aquela que Cochila". Esta antiga dragonesa da sabedoria, que mora perto dos portões para o nível mais alto do Outromundo, de repente acordou pouco antes do influxo dos novos clãs. Por causa desse influxo de clãs sitiados, ela agora assume uma presença ativa neste plano terrestre novamente. Ela é um dos dragões mais antigos, junto a Tiamat, Zee, Alt Mumit e alguns outros. À medida que um dragão envelhece, sua pele se torna mais espessa e impregnada de poderes mágicos. Esse poder embutido pode ser sentido a certa distância até mesmo por humanos.

Os dragões dos elementos estavam entre os primeiros a aparecer novamente neste mundo, pelo menos como eu os observei. Os primeiros dragões reais que chamaram minha atenção foram os dois guardiões calouros que chegaram sem avisar. Eles abriram meus olhos psíquicos para uma espécie completa que interagia com este mundo e com os humanos quase diariamente. Fiquei surpresa ao saber de todos os outros tipos de dragões que viviam no reino astral imediato que nos cerca.

CLÃ NASCIDO DAS ESTRELAS

Os líderes dos Clãs Nascido das Estrelas são a Zarsa e seu companheiro Suryon. Existem dois grupos distintos de espécies de dragões que estavam aqui antes do influxo de dragões migratórios. Estes são grupos muito especializados que cobrem uma série de funções muito importantes. Todos os membros do grupo Nascido das Estrelas têm cinco garras nos pés. Os Nascido das Estrelas raramente têm subclãs. Eles também interagem menos com humanos.

CAOS

A maioria deles trabalha em tempo integral no Vazio; alguns trabalham em tempo integral com os Dragões da Luz e das Trevas do Clã Estrela Lunar. Seu líder é Ziri Kaar. Suas cores são muito escuras, como preto, cinza, magenta, roxo e verde. Eles são maiores que os Nascido das Estrelas, exceto os guerreiros do Clã Coração Selvagem. Seu caos e destruição são principalmente para criar algo melhor; velhas ideias, velhas formas e velhos modos de vida devem ser quebrados e recriados. Tudo é necessário para continuar crescendo e mudando, ou é reciclado em outra forma mais produtiva. Ensinaram-me que o Mago mais eficaz é aquele que usa uma mistura equilibrada de luz e escuridão.

Esses dragões representam as correntes de poder negativo necessárias para dissolver problemas e varrer as pessoas problemáticas. Eles são de cores muito escuras: preto, cinza, estanho, ferro, magenta escuro, roxo, vermelho e verdes tão escuros que parecem quase pretos. Seus corpos são pesados e enormes; na verdade, eles são os maiores de todos os dragões. Suas cabeças largas em forma de cunha ficam sobre longos pescoços. Suas caudas serpentinas são farpadas ou têm um botão pontiagudo na ponta. Enormes asas os carregam em voos.

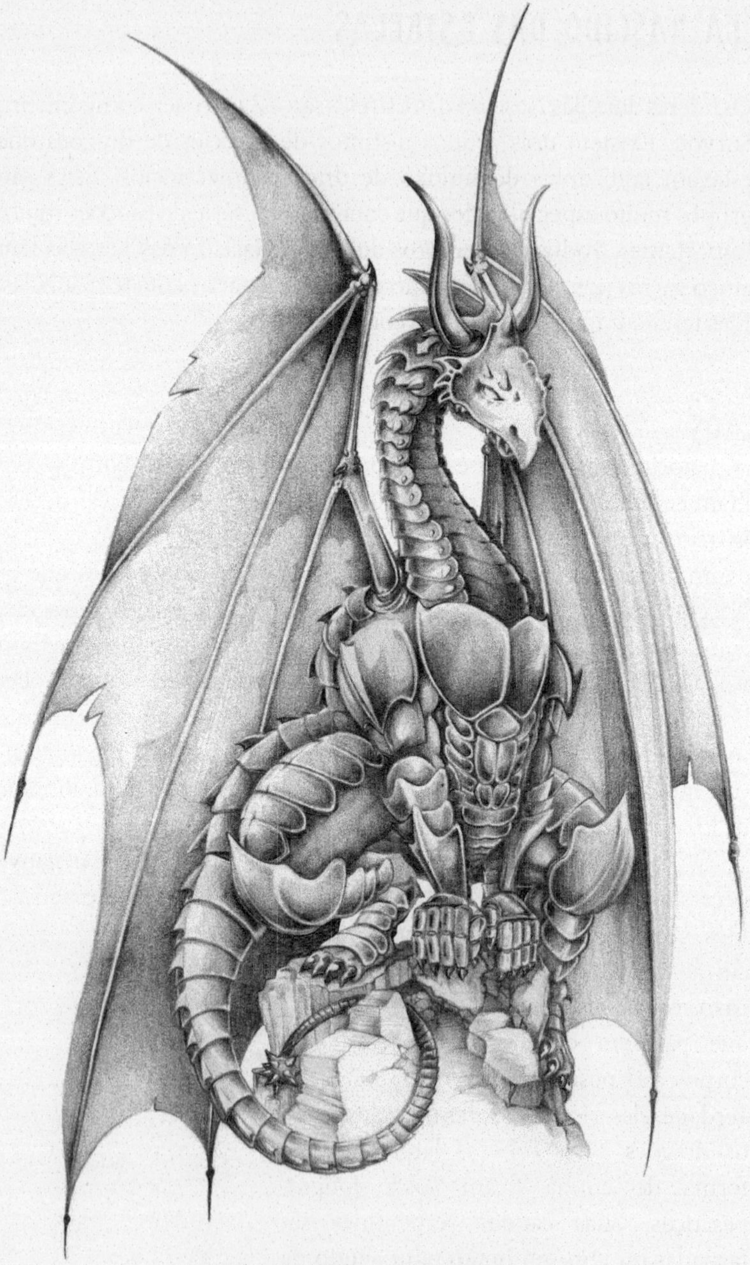

CLÃ NASCIDO DAS ESTRELAS

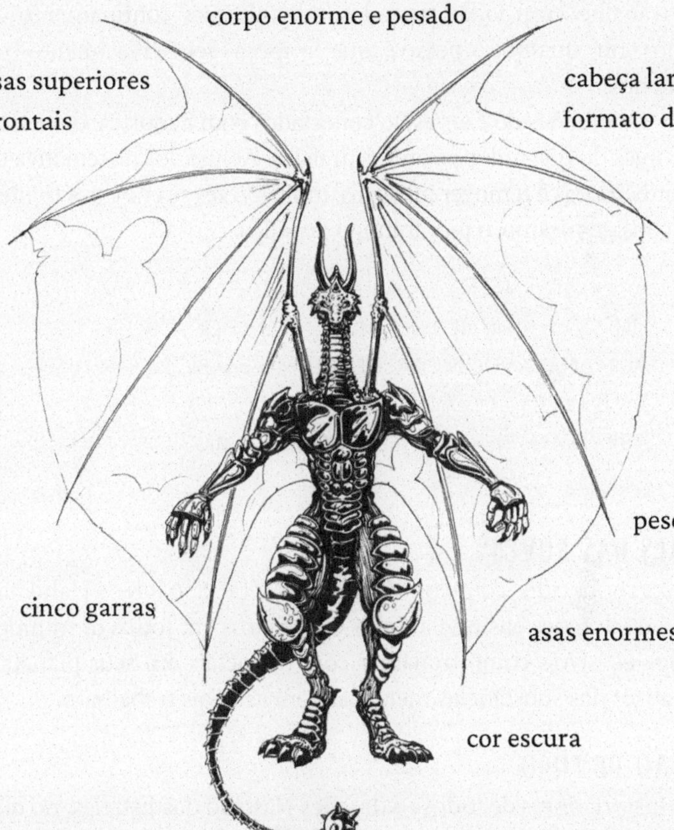
corpo enorme e pesado
três presas superiores frontais
cabeça larga e em formato de cunha
pescoço longo
cinco garras
asas enormes
cor escura
caudas serpentinas são farpadas ou têm nó com espinhos no final

Quando esses dragões fazem mudanças e ajudam nos rituais, eles fazem tudo em grande estilo. Eles vão além de sua visão limitada dos acontecimentos, indo direto ao cerne do problema, portanto, certifique-se de que pode receber a ajuda deles antes de chamá-los. Esses dragões trabalham com a recriação de vidas, relacionamentos e carreiras; quebra de barreiras; mudança de sorte; vastas mudanças em geral; trabalho com vidas passadas; adivinhação; confinamento de inimigos ou qualquer pessoa que impeça seu crescimento ou movimento.

Os dragões do caos estão conectados com a morte e o renascimento mais do que todos os outros dragões. Ao usá-los na tentativa de destruir barreiras e remover inimigos, muitas vezes se encontra frente a frente consigo mesmo, o pior inimigo de todos.

A transformação é a minha vontade.
Use seu poder, meu desejo de preencher.
Agradeço a vocês, dragões velhos e sábios,
Da Terra e Fogo, Água, Céus,
Por compartilhar sabedoria aqui comigo.
Como eu quiser, assim será!

Mestres das Nuvens

Também conhecidos como os Mestres do Metal. Seu líder é Hahdatai. Este clã de dragões ensinou a todos os ferreiros em todos os mundos de todos os níveis como trabalhar com os metais em seus planetas. São matizes das substâncias metálicas com as quais trabalham.

Coração de Fogo

São os historiadores de todos os dragões Nascido das Estrelas, no que diz respeito ao seu trabalho multiversal. Seu líder é Mesh-lam. Aldram, Guardião do Livro, é deste clã. Eles também são responsáveis por manter registros de onde, quando e como os dragões encontram o Aniquilador, com a esperança de que um padrão possa mostrar aos dragões como destruir esse mal senciente. Eles são das cores gerais do Nascido das Estrelas, mas têm um brilho vermelho pulsante em seus peitos, logo atrás de seu grande pingente de Selo.

MESTRES DAS GEMAS

Também conhecido como "Sopro do Dragão Branco", este clã observa cuidadosamente as pedras em todos os planetas em busca de mudanças. Tais mudanças predizem a saúde desses planetas. O líder é Uurnos. Esses dragões têm a qualidade camaleônica de se misturar com o ambiente.

ESTRELA MÍSTICA

Estes são os professores espirituais das quatro Escolas de Mistérios no centro dos Cinco Anéis. Também são chamados de "Dragões Ocultos". Dragões e humanos só podem receber esse aprendizado superior se passarem nos testes dos Cinco Anéis. O chefe da Cura é Durka. Ele tem a forma de dragões europeus com um corpo pesado e largo. Sua cabeça triangular fica no final de um longo pescoço sinuoso. A cauda de cobra termina em uma ponta farpada. Suas duas asas de couro são longas e fortes. Cumes de escamas grossas e afiadas emolduram os olhos, que são dourados com bordas de amarelo-esverdeado. Suas garras são cinza-aço. Durka é coberto por escamas nas cores verde, do verde-pálido ao quase preto.

O chefe de Adivinhação e Profecia é Hun-Tun. Suas escamas são um caleidoscópio de tons de amarelo-ouro e laranja. Embora seu corpo se assemelhe a uma cobra muito grossa e longa, ela tem pequenas patas dianteiras com garras pretas. Suas escamas mudam de cor e padrões quando ela se move. As duas pequenas asas em suas costas por suas patas traseiras têm padrões de diamante. Sua cabeça é longa e estreita e se funde com seu corpo, que não tem pescoço. Seus olhos penetrantes são de um preto brilhante. Três listras vermelhas correm paralelas entre si desde a ponta do nariz até o final de sua cauda pontiaguda.

Im-Miris ensina técnicas avançadas de Magia na escola no terceiro Portão Sul. Ele lembra um dos dragões da Babilônia e da Caldeia, pois tem um corpo grosso e uma cabeça com o focinho rombudo de um enorme canino. Suas quatro patas têm quatro garras vermelhas escuras. Seus dois pés dianteiros têm a forma de patas de leão, enquanto os dois pés traseiros lembram enormes pés de pássaros. Ele tem duas asas com escamas semelhantes a penas. Sua coloração geral é uma mistura de ricos tons do deserto, vermelho-tijolo e marrom profundo e brilhante. Suas escamas lembram cabelos curtos e finos, mas na verdade são duras e semibrilhantes. Seu pescoço é curto, como o de um animal, e seus olhos brilhantes são de um vermelho vivo.

Gark-yin ensina uma aula muito aprofundada de História Avançada na escola do Portão Ocidental. Esta história cobre todos os planetas da galáxia e todas as linhas do tempo. Ela é um dragão oriental azul-celeste com bordas douradas em suas escamas. Os bigodes vermelhos e finos ondulam acima dos olhos e ao redor do nariz. Seu corpo longo e esguio tem quatro pernas com quatro garras de ouro escuro em cada pé. Essas pernas são pequenas em proporção ao seu corpo. Suas antenas são coloridas em um belo padrão de ouro, azul-celeste e vermelho-vivo e se contorcem e giram conforme sentem o ar em busca de mudanças na vibração, especialmente nas emoções e pensamentos mentais. Ela não tem asas. Seus olhos castanhos dourados são vigilantes, mas compassivos.

Arco-Íris

Equilibram os fluxos de energia Multiversal que afetam os ovos de dragão e os jovens no Mundo dos Dragões. Em outras palavras, é seu dever proporcionar o melhor ambiente para que sua espécie sobreviva. Eles são liderados por Beh-Raph-Bo. Sua coloração brilhante flutua de acordo com os fluxos de energia que os roçam.

Coração Selvagem

Guerreiros e guardiões de todos os Portais para áreas do Outromundo e em todo o Multiverso. Seu líder é Arallu. Como o Clã Coração de Fogo, esses são os matizes usuais dos Nascido das Estrelas. No entanto, eles têm uma marca distinta de dois corações sobrepostos em suas testas. Quando tranquila, essa marca oscila entre o azul e o verde. Quando estão trabalhando com outros guerreiros e guardando os Portões, essa marca muda para cores entre amarelo e laranja. Quando eles assistem à iniciação de um Guerreiro Dragão, a marca brilha suavemente com todos os tons de lavanda, roxo, dourado e prateado. Quando um Coração Selvagem está lutando contra a energia negativa, esta marca emite fluxos de luz vermelho-sangue.

NEVE

Um subclã do Clã Arco-Íris, mensageiros e ajudantes criativos em todo o Multiverso. Seu líder é Eeza. São dragões coloridos como a brilhante luz do sol dourada sobreposta com neve cristalina cintilante. Os belos dragões da neve são mensageiros especiais. Eles têm um temperamento mercurial que combina com o planeta Mercúrio, ou seu equivalente, em todos os sistemas do Multiverso. Esses dragões tendem a se retirar ligeiramente durante nossos tempos retrógrados de Mercúrio.

Normalmente, os dragões da neve estão constantemente ocupados carregando novas ideias para invenções, artes e todos os tipos de atividades em todo o Multiverso, semeando-os em todos os planetas em todos os lugares. Além disso, eles agem como mensageiros de divindades, guias, guardiões e anjos para as pessoas.

ESTRELA LUNAR

Os líderes do Clã Estrela Lunar são a Etinera e seu companheiro Steft. Todos os dragões Estrela Lunar têm quatro garras em seus pés. Caso contrário, eles têm longas crinas semelhantes a penas. Este grupo tem muitos subclãs que formam um clã principal. Além disso, eles trabalham com humanos e outros seres o tempo todo e se distinguem dos Nascido das Estrelas por usarem um simples pingente de estrela de cinco pontas. Os Nascido das Estrelas são definitivamente muito indiferentes, enquanto os Estrela Lunar estão mais interessados em ajudar os humanos a melhorar a si mesmos e ao nosso mundo.

Os dragões do Ar são liderados por Sairys (pronuncia-se *sair'iss*) e são todos em tons de amarelo. Dragões do Ar pertencem a uma família cujas espécies relacionadas incluem as do vento, da tempestade e do clima. Sairys é amarelo-girassol no dorso, mas um tom muito mais claro no ventre e nas asas. Listras bege decoram suas asas, sendo de cor mais profunda sobre a pele do osso da asa.

A cauda tem a forma de uma ponta de flecha; uma série de chifres irregulares apontando para fora decoram a cabeça, o pescoço e a crista dorsal. Os olhos são contornados por minúsculas escamas pretas.

CLÃ ESTRELA LUNAR

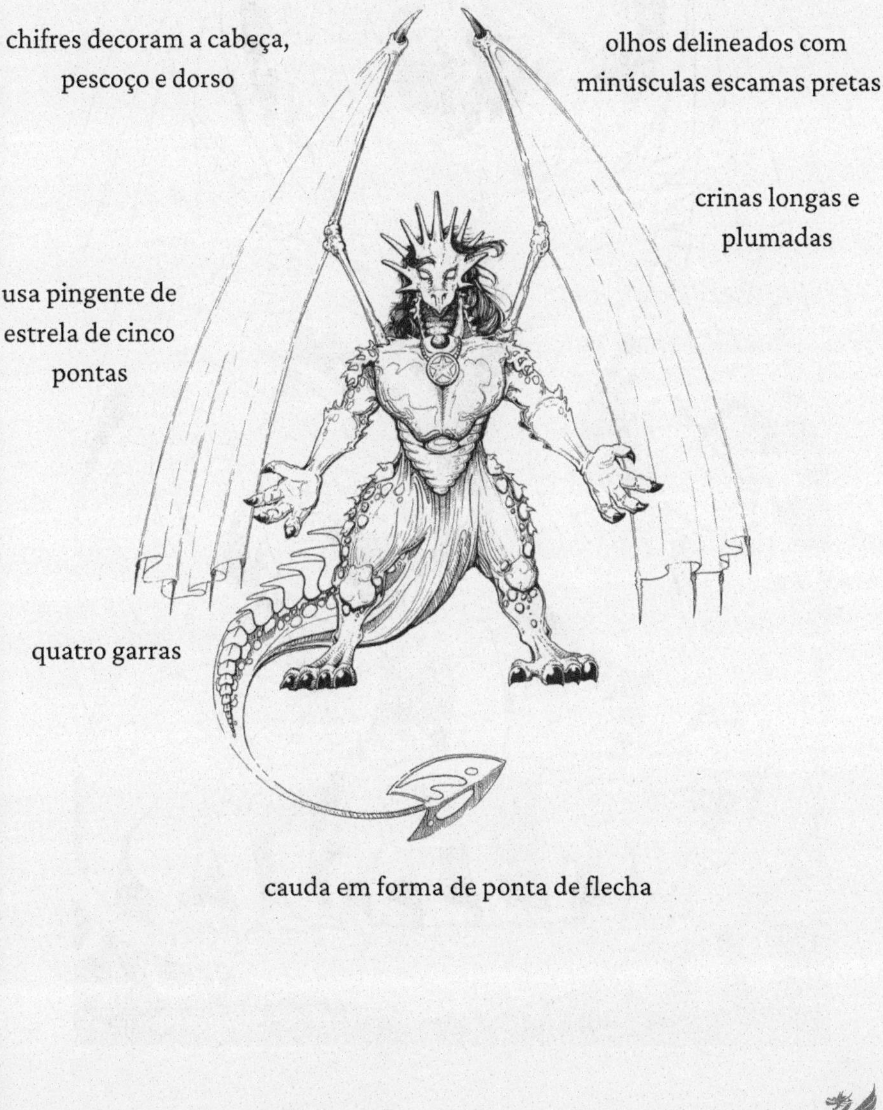
chifres decoram a cabeça, pescoço e dorso
olhos delineados com minúsculas escamas pretas
crinas longas e plumadas
usa pingente de estrela de cinco pontas
quatro garras
cauda em forma de ponta de flecha

Dragão governante do vento e da nuvem,
eu chamo seu nome secreto em voz alta.
Sairys!
Acelere minha mente, renove minha vida.
Conceda-me alegria livre de conflitos.
Sairys!

Os dragões do elemento Ar pertencem a uma família cujas subespécies incluem as do vento, da tempestade e do clima. Às vezes, eles unem forças com as do fogo, vulcões, mares, montanhas, florestas e caos. Dragões de Fogo vêm em todos os tons de vermelho, laranja e amarelo-avermelhado escuro. Liderados por Fafnir (*faf'neer*), estão relacionados com as espécies de regiões desérticas e áridas e por vezes trabalham com as do caos e da destruição. Eles estão conectados com todos os tipos de fogo, incluindo vulcões e raios.

Fafnir é de um rico vermelho-escarlate; a pele do osso da asa manchada de vermelho e amarelo. Existem comprimentos desiguais de chifres da ponta do nariz até a ponta da cauda em forma de flecha. Seus olhos ovais têm uma íris amarela com uma fenda preta.

Em seu salão cavernoso e cheio de fogo,
Ecoa o nome que agora chamo, Fafnir!
Agite meu sangue com força de vontade e coragem.
A partir do antigo crie novas paragens. Fafnir!

Fafnir também supervisiona os raios de sol, o meio-dia, o verão, qualquer tipo de utilidade, o sol, sangue, entusiasmo, atividades, mudanças, paixões, coragem, ousadia, força de vontade e liderança. As associações negativas são: ódio, ciúme, medo, raiva, guerra, ego, conflitos, raios, vulcões e danos de qualquer tipo.

Os dragões do elemento Água são liderados por Naelyon (*nail'yon*). Seu dever é supervisionar os dragões dos mares, nascentes, lagos, lagoas e rios. Eles são em tons de azul e ajudam a equilibrar as emoções com compaixão, paz e intuição. Do lado negativo, eles trabalham em enchentes, tempestades, redemoinhos, falta de controle emocional e qualquer tipo de água nociva.

Naelyon tem um ventre azul-claro, com manchas azuis mais escuras nas laterais e nas costas. Suas quatro patas são mais curtas do que a maioria dos outros dragões e são palmadas entre quatro dos dedos, deixando o quinto como um polegar. Os Naelyon possuem uma fina membrana vertical nas costas que é da mesma tonalidade que a barriga. Em vez de chifres duros, este dragão tem várias antenas flexíveis, que podem enrijecer se forem necessárias como armas.

Água calma, água em movimento, mares e lagos,
eu invoco o dragão das águas e dos regatos,
Naelyon.
Ensine-me o médium. Conceda-me calma
paz de espírito e compaixão calorosa na alma.
Naelyon!

As associações positivas da Água são: o pôr do sol, o outono, qualquer forma de água útil, compaixão, tranquilidade, perdão, amor, intuição, calma e paz de espírito. Associações negativas são: inundações, tempestades, redemoinhos, qualquer tipo de água nociva, preguiça, indiferença, instabilidade, falta de controle emocional e insegurança. Não é incomum encontrar este elemento trabalhando com dragões do vento, tempestade, clima, montanhas, florestas ou aqueles da destruição.

O líder do elemento Terra é Grael (*grail*). Esses grandes dragões têm escamas verde-escuras, translúcidas, intercaladas com escamas brilhantes como pedras preciosas. Seu dever é supervisionar as montanhas e a terra em geral, minerais, pedras preciosas, cavernas e a lua e seus raios. Eles são os mais plácidos da espécie, embora provoquem energias perturbadoras quando ficam com raiva, o que causa terremotos maciços.

As escamas de Grael são de um verde-esmeralda profundo e mudam automaticamente de tom para camuflar o dragão. Tem um longo pescoço, uma iridescência nas bordas de suas escamas e quatro patas. Suas costas têm uma fileira de chifres arredondados e afiados que descem completamente até sua cauda pontiaguda.

NAS MONTANHAS, EM SUA CAVERNAS PROFUNDAS
ERGUE-SE O DRAGÃO DO NORTE, DE SUA LETARGIA ORIUNDAS,
GRAEL!
CONDUZA-ME À RIQUEZA, AO PROPÓSITO VERDADEIRO,
EU LHE CHAMO. FORTE, RESISTENTE E INTEIRO.
GRAEL!

As associações positivas do elemento Terra são: meia-noite, inverno, montanhas, pedras preciosas, cavernas, solo, respeito, resistência, responsabilidade, estabilidade, prosperidade, meticulosidade e propósito na vida. Associações negativas são: rigidez, falta de vontade de mudar ou ver o outro lado de um problema, teimosia, falta de consciência, vacilação, terremotos e deslizes. As subespécies deste elemento são as das montanhas e florestas e das regiões desérticas e áridas (este último compartilhado com Fafnir).

Considera-se que duas espécies de dragões comandam o centro do Círculo Mágico e equilibram todos os elementos, então nenhum ganha controle sobre os outros. Usar esse equilíbrio de energia ajuda o Mago a trazer uma intenção mais positiva para a manifestação. Esses dragões seguem uma orientação superior de maior tipo, muito além de nossa capacidade de compreensão. As leis universais não permitirão que condições estáticas, ou muito desequilibradas, existam por qualquer período. Tudo está em movimento; nada fica parado. Estes são os dragões claros e escuros.

Os dragões de luz lidam com correntes positivas de energia mágica. Seus deveres primários incluem o sol e a luz do dia, qualquer crescimento espiritual, o equilíbrio do karma e ajudar o Mago a desenvolver orientação psíquica. Eles existem em uma estranha bolha onde a matéria primordial é constantemente enviada para se misturar com a energia escura.

O líder dos dragões de luz é llan Vys, sua cor é de um cinza-lavanda muito claro, com escamas brancas na barriga. Outras cores são marfim, orquídea e lilás. Uma fina membrana de branco brilhante desce por suas costas até o final de sua cauda pontiaguda. Seus olhos redondos são dourados com uma pupila circular. Os dragões de luz (luz do espírito) regem as correntes de poder positivo na Magia.

Eles estão associados a todas as formas do dia, o sol, alcançando o espiritual, equilibrando o karma, buscando a verdade, melhorando a vida em todos os níveis, atitude positiva em relação a todas as coisas, orientação psíquica e Magia de luz útil. Associações negativas são: farisaísmo e uma atitude de "eu tenho o único caminho"

> Espírito de Luz, símbolo do Sol,
> Fique comigo agora até o feitiço final.
> Ajude-me a equilibrar todo karma e poder
> para a verdade da minha vida nesta Terra eu receber.
> Guia-me e ensina-me, ó dragões de Luz distante.
> Acende minha Magia com poder e amor nesta noite.

Os dragões das trevas controlam as correntes negativas de energia e tecem isso no fluxo positivo de energia manipulada pelos dragões da luz. Eles governam a lua e as estrelas, orientação psíquica, equilíbrio do karma e busca da verdade. Esses dragões também vivem em uma bolha isolada de matéria primordial, da qual enviam energia para se fundir com a luz.

Dragões das trevas são principalmente de tons médio de preto fosco com uma membrana de sombreamento mais claro descendo pelas costas até a cauda pontiaguda, embora o alcance seja sempre em graus de roxo escuro a quase preto, geralmente de um tom de cinza mais escuro. Seus olhos também são redondos, mas com uma íris preta e uma pupila branca redonda. São liderados por Nalm Kor. Às vezes, eles têm salpicos de prata em suas escamas, como estrelas.

> Dragões das Trevas, seu poder vai funcionar
> até o tempo da minha Magia terminar.
> Ensine-me seus segredos, a escuridão não deve temer,
> pois a escuridão é receptiva,
> não o terror ou a lágrima a verter.
> Sonhos dos Espíritos, voam com o anoitecer.
> Envolva-me em orientação,
> seu equilíbrio de Luz quero ter.

Os dragões das trevas (escuridão do espírito) governam as correntes de energia negativa. Eles estão associados a todas as formas de noite, lua e estrelas, descanso, sonhos, orientação psíquica, equilíbrio do karma, busca da verdade e Magia Negra útil. As associações negativas são: raiva profunda, ódio, medo, vingança injustificada, trabalho contra os padrões cármicos, mensagens psíquicas distorcidas para que você ouça o que deseja ouvir e Magia Negra nociva. Eles quebram formas de energia para serem recriadas em uma nova forma e trabalham com os dragões de luz dessa maneira.

Dragões claros e escuros governam o centro do círculo e equilibram todos os outros elementos. Através da invocação da luz e da escuridão, o Mago é capaz de misturar elementos que produzirão a manifestação desejada. Essa família dracônica trabalha com todos os outros elementos, mas principalmente com os do caos, ao quebrar e refazer algo.

Os dragões da tempestade são elementais de uma maneira diferente. Eles pegam os quatro elementos invocados pelo Mago e os moldam com a intenção mágica da conjuração. Também trabalham com o clima durante as mudanças sazonais e são mais fáceis de ver, sentir e trabalhar durante tempestades e outras mudanças mais drásticas de clima e energia.

Dragões da tempestade são uma camuflagem de preto e cinza-tempestuoso. Suas escamas geralmente brilham como se estivessem molhadas. Seus olhos são oblíquos com uma íris cinza arredondada e pupila negra. Eles têm mãos extras na dobra do cotovelo das asas.

Os ventos estão uivando por entre as árvores.
As nuvens estão correndo no céu.
O tempo está mudando mais uma vez.
Grandes dragões estão passando
Pelo pensamento eu sigo sua dança aérea
Através de montanhas de nuvens acima tão altas.
Traga-nos bom tempo para esta terra.
Grandes dragões, passem.

Junto a esses dragões principais, especificamente treinados, estão outros quatro de poder e posição ainda maiores, chamados de "os quatro dragões secretos dos quatro portais ocultos no centro dos cinco anéis internos". Esses dragões não interagem com humanos, a menos que um humano tenha trabalhado seu caminho através dos estudos dos cinco anéis internos.

Como nenhum elemento trabalha totalmente sozinho, os dragões elementais juntam seus grandes poderes com outros elementais para realizar tarefas.

Guardiões dos Astros

Clãs que trabalham com as energias dos planetas, dias, zodíaco, nodos da lua – em outras palavras, astrologia em geral. Existem dragões desses fluxos de energia individuais, mas eles não têm um líder principal. Eles têm asas azul-meia-noite, com essa cor se espalhando levemente em seu corpo branco na região do peito. Os subgrupos que trabalham com os planetas e afins têm coloração individual e diferente.

Portadores de Tempestades

Este clã trabalha com o indescritível, mas poderoso elemento que chamamos de "Tempestade". Eles também trabalham com certos dragões do caos. O líder da Tempestade é Charoseia e o líder do grupo Caos: Ziri Kaar. Os Portadores de Tempestade são pretos esfumaçados com traços de um branco relâmpago em suas costas.

Voadores do Tempo

Trabalham com os elementos e as estações, ajudando a combinar as energias em um ano lógico e repetitivo. Eles têm líderes de grupos individuais, mas nenhum líder principal e aparecem em todas as verdadeiras cores brilhantes.

Tecelões da Teia

Clã que trabalha com videntes da geometria sagrada (os Quimisi), videntes de todos os tempos, auxiliares-mágicos e iniciadores de anéis. Seu líder é Aia Cardya. Também existem líderes separados para cada clã menor. Este clã é uma mistura de cores brilhantes e sombrias, marcadas com símbolos místicos. As escamas de alguns parecem uma máscara ao redor dos olhos, um gorro prateado ou enfeites de cabeça pendurados na testa.

QUARTOS DA LUA

1. Iene-lamar do primeiro quarto; azul-perolado muito claro.
2. Memezah da lua cheia; branco iridescente.
3. Unteekah do terceiro quarto; lavanda muito perolada.
4. Jyn-Kuaan da lua nova; preto iridescente.

NODO NORTE LUNAR

Nadra Tho. Como parte dos Astra-Keepers, ela é uma pedra da lua azul-prateada com uma cabeça azul-royal. Sua testa é marcada em preto com o nodo ascendente.

NODO SUL LUNAR

Nadrica Thysa. Também parte dos Astra-Keepers. Seu corpo é um brilho multicolorido em pedra da lua preta com uma cabeça azul-royal. Sua testa é marcada em preto com o símbolo do nodo descendente.

SOL

Salaquet. Cores: amarelo e dourado.

LUA

Memezah. Cores: pálidas que se misturam e mudam de lavanda, prata, azul e branco perolado.

MERCÚRIO

Talm. Cores: vários tons de laranja.

MARTE

Durankayta. Cor: vermelha.

JÚPITER

Yanizar. Cores: azul-médio e roxo.

SATURNO
Bulla Kasz. Cores: preto e índigo.

URANO
Keetan. Cores: azul-iridescente e verde-azulado.

NETUNO
Vunoket. Cor: verde-mar.

PLUTÃO
Zeiirahnak. Cores: vermelho profundo e marrom.

CINTURÃO DE ASTEROIDES
Fylufor: este dragão foi chamado de Lúcifer por alguns e pertence aos Astra-Keepers. Fylufor tem a capacidade única de mudar as cores de azul-celeste, com manchas irregulares de escamas de pedra da lua brancas brilhantes, para rosa do nascer do sol, com escamas peroladas que brilham. No entanto, sua cor usual de cinza-estanho sempre aparece em algum lugar de seu corpo. Às vezes, suas ações parecem afetar os eventos planetários de maneira imprevisível. Todas as suas ordens de atividades vêm diretamente da Grande Deusa e do Deus, o que é o mesmo que dizer da Fonte Divina.

Sua influência abrange não apenas o cinturão de asteroides, mas globos muito menores, Ceres e outros.

EQUINÓCIO DE PRIMAVERA
Eiglis é verde-amarelo e trabalha com o elemento Ar.

SOLSTÍCIO DE VERÃO
Suuriy brilha em vermelho-granada e trabalha com o elemento Fogo.

EQUINÓCIO DE OUTONO
Shadalyn aparece marrom-esfumaçado e trabalha com o elemento Água.

SOLSTÍCIO DE INVERNO

Aettall é um azul muito aguado e trabalha com o elemento Terra.

ELEMENTO AR

Sairys. Cor: amarela.

ELEMENTO FOGO

Fafnir. Cor: vermelha.

ELEMENTO ÁGUA

Naelyon. Cor: azul.

ELEMENTO TERRA

Grael. Cor: verde-escuro.

ELEMENTO TEMPESTADE

Charoseia. Cor: cinza-tempestuoso.

Dragões das montanhas e florestas são do elemento Terra. Eles geralmente têm a aparência de dragões ocidentais, com o corpo mais pesado, quatro patas, asas enormes, pescoço longo e cauda. Os dragões da montanha parecem muito mais pesados no corpo do que os das florestas.

Os dragões das montanhas e florestas ajudam a construir alicerces duradouros na vida: objetivos de longo alcance, estabilidade, resistência física e mental, responsabilidade e, muitas vezes, a força para enfrentar as responsabilidades existentes; eles também proporcionam prosperidade e sucesso duradouros que vêm do esforço pessoal e do planejamento.

Dragões da floresta habitam trechos de florestas profundas, bosques, às vezes aglomerados de árvores solitárias. Eles gostam dos padrões variáveis da luz do sol através dos galhos e folhas e tendem a ficar chateados e às vezes beligerantes se suas florestas forem danificadas ou destruídas sem uma boa explicação.

Sabe-se que dragões da montanha e da floresta habitam áreas próximas a cidades e fazendas humanas. Às vezes isso cria um conflito, às vezes não, dependendo do comportamento dos humanos.

Alguns dos dragões são da variedade que uma vez viveu dentro ou ao redor de túmulos, especialmente se houvesse tesouros dentro.

Dragões da floresta, deslizando e planando,
silenciosos entre as árvores da floresta vão ficando.
Força antiga vocês me darão.
Autoconfiança, descanso e paz são o que ficarão.

Os dragões que vivem nos mares, lagos, rios, lagoas e outros corpos d'água são basicamente moldados com pequenas pernas e asas. Eles geralmente têm a forma de dragões asiáticos e são de uma variedade de tons de azul, ao azul-prateado para o azul-esverdeado escuro. Todos eles têm uma tonalidade prateada e úmida em suas escamas, com algum tom de azul predominante nas escamas do ventre. Possuem franjas de penas em volta da boca e nas costas e grandes órbitas córneas inseridas em uma cabeça de cobra bastante achatada. Podem ser muito grandes ou bastante pequenos, dependendo de onde moram. Dragões dos mares e das mais diversas águas auxiliam nas emoções, acalmando-as ou rompendo uma barreira construída em torno delas; com o movimento, tanto para dar andamento aos eventos quanto para manter as coisas fluidas; com a calma em todos os níveis do ser e das circunstâncias e com a criação de mudanças, especialmente aquelas provocadas pela libertação de pessoas que nos controlam por meio de nossas emoções.

Dragões dos mares e das águas, poder,
eu invoco vocês nesta hora mágica para me defender.
Eleve minha conjuração a um novo patamar.
Encha-me com propósito, poder, luz em todo lugar.
Poder da Água, móvel e brilhante,
Infinito, eterno. Fortaleça esta noite cativante!

VENTO, TEMPESTADE E CLIMA

Os dragões do vento, da tempestade e do clima em geral pertencem a uma subespécie de dragões do Ar. Eles são dragões longos e esguios, alguns deles com grandes asas transparentes, outros com o "grumo voador" oriental em suas testas. Abaixo da espinha das costas flutuam franjas finas de tecido de membrana. Eles tendem a ser amarelos e azuis pálidos, mas podem mudar para vermelho-alaranjado, roxo ou preto quando evocam tempestades. Longas antenas emplumadas se elevam acima de suas cristas oculares.

Dragões deste tipo são excelentes ajudantes para controlar os excessos do clima; coloque as coisas em movimento em sua vida, especialmente nas áreas de criatividade e processos mentais; para proteção; flexibilidade da mente; abertura para novas ideias e para varrer obstáculos na maioria das vezes de forma dramática. Às vezes, eles têm escamas parecidas com penas que envolvem seus olhos e pescoço.

Esses dragões habitam bancos de nuvens ou picos de montanhas muito altas, onde os ventos nunca cessam. Alguns dragões do clima oriental vivem em poças e lagoas. Eles estão em movimento quase constante, cavalgando correntes de ar ou rugindo com um vendaval sibilante. Às vezes, dois ou mais deles unem forças, seja em uma brincadeira ou em uma disputa temporária, criando assim tornados e furacões. Quando eles rolam juntos, relâmpagos e trovões ocorrem.

A Serpente Arco-Íris australiana se enquadra na categoria de dragões do clima e da água. É conhecida como um gerador de chuva na Austrália, América do Norte e África Ocidental. Dos desertos do Arizona aos picos dos Andes, a grande Serpente de penas ou plumas, Quetzalcoatl, era conhecida como uma gentil benfeitora e criadora de chuva. Ela tinha escamas multicoloridas e penas brilhantes no pescoço e na cabeça.

CLÃ DO VENTO, TEMPESTADE E CLIMA

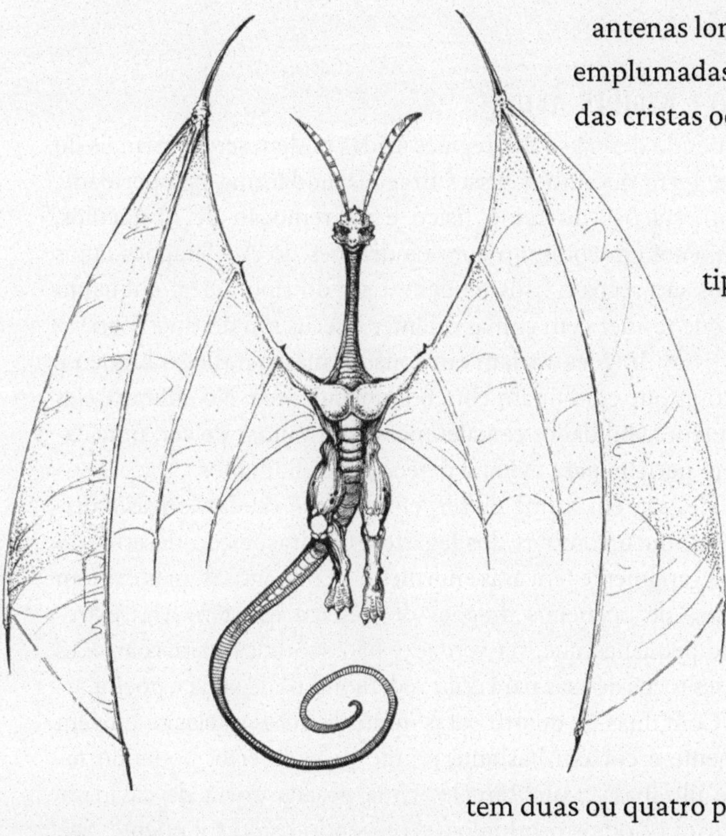
longo e fino
antenas longas e
emplumadas acima
das cristas oculares
tipo lagarto
tem duas ou quatro patas
grandes asas
transparentes

Os ventos estão uivando entre as árvores.
As nuvens estão correndo pelo céu.
O clima está mudando mais uma vez.
Grandes dragões estão passando.
Em pensamento, sigo sua dança aérea,
Através de montanhas de nuvens tão altas.
Tragam-nos bom tempo para esta terra.
Grandes Dragões, passem por aqui.

Deserto e Regiões Áridas

Os dragões do deserto e das regiões áridas podem ser elementais do Fogo, da Terra ou ambos. Esses dragões ajudam na prosperidade, nas manifestações no reino físico e na remoção de obstáculos, especialmente em conjunto com os dragões do Ar. Dragões cujos territórios são secos e frios tendem a ser do tipo Terra, enquanto aqueles que residem em climas quentes e secos são do tipo Fogo.

Esses dragões variam em tons de marrom, bege, branco e outras cores que combinam com o ambiente seco. No entanto, eles também têm habilidades camaleônicas para mudar de cor, uma camuflagem perfeita para evitar a detecção por humanos.

Eles são em forma de serpentina, com caudas longas e delgadas, um pouco como as dos lagartos. Os dragões do deserto são maiores e geralmente têm asas enormes e membranosas, mas existem subespécies de pequenos dragões do deserto que têm asas extremamente pequenas que, na verdade, não são boas para voar. Eles usam esses tocos de asas para criar redemoinhos de areia e poeira.

Com duas ou quatro patas muito poderosas, eles se movem rapidamente e correm bastante rápido pelo deserto, podendo facilmente ultrapassar um camelo. Uma pesada crista de cavidade óssea ofusca os olhos profundos, protegendo-os do sol quente. Seu poderoso olhar hipnótico pode fazer com que seus caçadores e inimigos esqueçam que viram o dragão. Escamas fortemente sobrepostas impedem a entrada de areia e poeira fina. Esses dragões são os mais difíceis para os humanos se comunicarem, já que são alvo de caçadores há séculos. Eles se movem tanto à noite quanto durante o dia.

Os dragões do deserto construirão seus covis em afloramentos rochosos ou nas profundezas de áreas de dunas de areia. Os habitantes da areia fazem uma caverna misturando sua saliva corrosiva com areia, que endurece para produzir paredes super-resistentes, que enfraquecem apenas sob fortes incursões de água.

Esses dragões são muito territoriais, passando suas vidas em uma determinada área. Como todas as espécies, eles têm vida muito longa e habilidades mentais excepcionais, portanto, conhecem a localização de todos os antigos, cidades e civilizações há muito perdidas que agora estão cobertas por areia. Os dragões do deserto podem ser imprevisíveis e difíceis de lidar.

Calor do deserto e vento gelado,
Ajude-me, eu peço, ó dragão ousado.
Alimente esta semente de feitiço e de Magia,
Para que minha vontade falada venha com alegria.
Dê vida a este sonho,
Aumente meu poder mágico mais alto do que suponho.
Calor do deserto e vento gelado,
Ajude-me, eu peço, ó dragão ousado.

Fogo e Vulcões

Os Dragões de Fogo e Vulcão são do elemento Fogo e estão em todos os tons de vermelho, laranja e amarelo profundo. Eles têm corpos grossos e pesados e longos pescoços e caudas semelhantes a cobras. Alguns deles dormem em vulcões adormecidos por longos períodos, antes de se tornarem ativos novamente. Também são visíveis em incêndios florestais e em grandes incêndios em construções. São muito imprevisíveis, pouco confiáveis e difíceis de trabalhar. E farão o que quiserem com o feitiço de um Mago. Eles alcançarão o resultado desejado, mas podem "queimar" tudo para chegar lá.

Esses dragões ajudam na purificação pessoal em todos os níveis do ser: energia, coragem e resistência para perseguir objetivos e concluir projetos e remover obstáculos e barreiras. Eles irão através e sobre qualquer coisa e qualquer pessoa para atingir seu objetivo. Os resultados podem ser rápidos e difíceis de lidar emocionalmente.

São dragões capazes de mudar de tamanho, parecendo crescer à medida que o fogo ou o vulcão ganha força e poder. É possível ver Dragões de Fogo muito pequenos em sua própria lareira ou fogueiras. Os Magos antigos os chamavam de "salamandras".

> Crepitar, queimar, dragão a girar.
> De noite ou dia que seja, traga-me o bem com certeza.
> Coloque ao meu alcance o que deve mudar,
> tudo ao meu comando faça transformar.
> Com o seu fogo ao mais alto nível deve elevar.
> Crepitar, queimar, dragão a girar.
> De noite ou dia que seja, traga-me o bem com certeza.

O elemento da Tempestade é controlado pelo Clã Portadores de Tempestades, cujo líder é Charoseia. Sua cor é um cinza-tempestuoso. As energias do elemento Tempestade se situam entre os quatro elementos tradicionais e o vazio. A Tempestade é um elemento evasivo, mas dinâmico, que pode bloquear e redirecionar quaisquer poderes elementais se um "equilíbrio" muito mais dramático e duradouro se tornar necessário. A Tempestade é um catalisador, uma substância que cria grandes mudanças em outros seres ou eventos, mas não muda em si. Ela entra em ação quando uma limpeza e um reequilíbrio maciço são necessários, ou quando uma rápida mudança intelectual, mental ou espiritual ou o despertar se torna vital. O destinatário desta ação pode ser uma pessoa, um lugar, um evento ou até mesmo uma galáxia.

O Clã Estrela Lunar inclui os dragões planetários, sazonais e das fases da lua. Existem também dois pequenos grupos de dragões muito incomuns que fazem parte do Clã Estrela Lunar. Os mensageiros de Tiamat são pouco maiores do que um grande corvo com um anel branco de espinhos no topo da cabeça. As asas são de membranas resistentes e se assemelham às de uma abelha. As escamas são do tipo cabelo curto e têm uma cauda curta. As garras são mais como pés de pássaros com garras de dragão e os pés minúsculos dobrados sob suas barrigas. Eles foram criados pela grande Tiamat simplesmente para levar mensagens aos humanos de uma maneira não convencional. Também carregam mensagens para Alt Mumit.

Os Tam-Jin-Kee se parecem exatamente com libélulas, exceto por suas caudas e pés pontiagudos. Eles são tão facilmente confundidos com libélulas que ficaram para trás durante o êxodo voluntário e se autodenominam "aqueles que enxameiam e picam", embora eu nunca os tenha visto fazendo isso. Eles imitam as cores e os padrões de voo das libélulas, por isso são extremamente difíceis de detectar.

Dragões gostam muito de cores vivas e brilhantes. Eles se deleitam com tons puros nas cores das velas, e em ouro, prata, cobre, latão, bronze e eletro nos metais, e se deliciam com os brilhos negros no vazio e no espaço profundo, bem como com os flashes do arco-íris causados por raios de energia positiva e luz. A faixa de percepção deles com o espectro de cores é mais profunda e muito mais precisa do que a nossa.

O vazio é um lugar que nenhum ser pode ir, exceto os dragões Caos e os Nascido das Estrelas. O preto contém todas as cores dentro dele, e a cor do vazio é preta. É dever dos dragões do Caos trabalhar no vazio da matéria informe.

CÓDIGO DO ANEL DO DRAGÃO

Em todo multiverso a se dispor,
O poder lá está, para abençoar ou provocar dor.
É o equilíbrio entre luz e trevas em suma,
Que mantém firme a teia, em cada trama e luma.
Os dragões da luz e do caos escuro,
Travam equilíbrio, no curso seguro.
O código dos dragões ressoa sem engano,
Cada anel dura meio ano.
De aprendiz a guardião guerreiro,
O caminho do místico é longo e austero.
Todos os níveis explorados, toda verdade revelada,
Motivos dos pupilos, tão puros quanto ar da alvorada.
Eles devem superar a prova dentro do coração,
Antes que o véu do saber se rasgue em adição.
A confiança do dragão, é preciso angariar,
Aguarde, então, os mestres o portal revelar.
A magia do dragão, forte e antiga,
Exige do aluno audácia, sem fadiga.
Lance os números, três vezes três,
Pois é isso que o poder será outra vez.
Nenhum encanto de dragão é frágil ou pequeno em sinal,
Pois a magia do dragão conquista tudo afinal.

10

OS NOVOS CLÃS DE DRAGÕES

Os novos clãs vieram através do tempo e do espaço para este tempo astral devido a pandemias ou aniquilação por algum tipo do mal semihumanoide. Alguns clãs escaparam com pouquíssimos sobreviventes, que são cuidadosamente cortejados por outros pequenos clãs. Alguns dos descendentes são híbridos, enquanto outros exibem apenas as características perdidas do clã. Esses dragões controlam cuidadosamente a procriação para restaurar as populações originais esgotadas e ainda manter as leis do dragão de controle populacional.

OS CLÃS DAS ÁGUAS

Os Clãs das Águas são autoexplicativos; eles preferem ficar dentro ou ao redor de rios, lagos, cachoeiras e oceanos. A partir de sua evolução física, é evidente que eles viveram em mundos constituídos por grandes massas de água ou que eram principalmente de água. Eles ainda deitam seus ovos e chocam seus filhotes na terra.

CLÃ DA ÁGUA

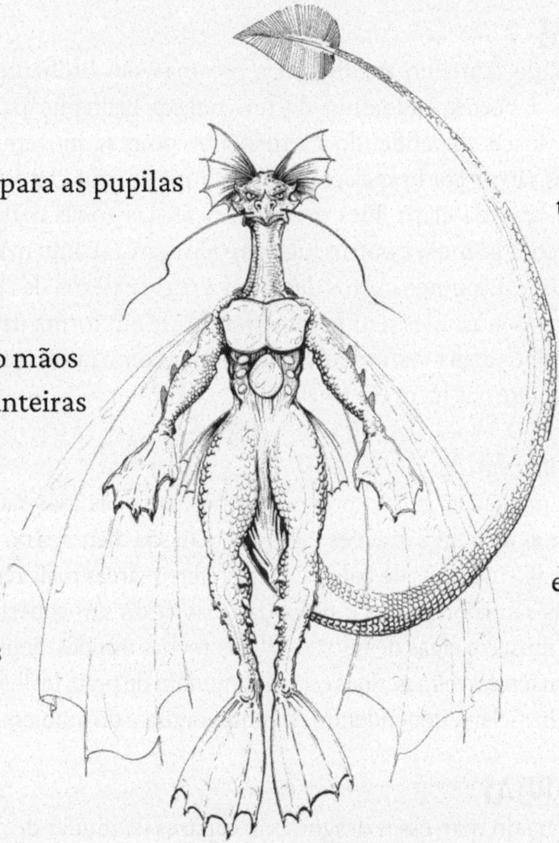
ponta em forma de pá para a cauda
endas pretas para as pupilas
tamanho médio
garras como mãos
nas patas dianteiras
escamas brilham
cores pálidas
garras com membranas

No entanto, isso agora é feito perto da água em seu próprio reino. Em seus antigos habitats, eles foram arpoados e alvejados por suas peles e carne escamosas de couro. Os filhotes foram espancados até a morte por causa de suas peles macias e flexíveis. Os dentes e presas foram transformados em joias caras e exóticas. Apenas cerca de sessenta dos seis clãs conseguiram escapar.

As Auroras

São dragões de tamanho médio. Suas escamas são brilhantes e se assemelham a peixes, mudando de um reflexo brilhante para um acabamento fosco, dependendo da maneira como se movem. Basicamente, eles são de cor branca com flashes sutis de azul-claro gelado, rosa fraco e lavanda-claro. Eles preferem ficar nas zonas mais frias, como o Ártico, a Islândia e outros lugares e têm garras como mãos nas patas dianteiras. Espinhos curtos decoram a parte externa das pernas dianteiras e traseiras. Eles têm uma extremidade em forma de pá na cauda. Seus olhos azuis-claros têm fendas pretas como pupilas e fazem um voo dançante nas luzes do Norte.

Águas da Galáxia

Com garras palmadas, exceto a garra do polegar, suas asas são mais curtas do que as de outros dragões e eles também são menores no corpo. Sua cauda se assemelha às de baleias. Eles preferem áreas mais remotas. Suas escamas são sobrepostas e redondas e às vezes são cobertas por manchas de musgo e algas devido ao sol nas rochas úmidas. Seus olhos dourados têm fendas felinas. Suas escamas mudam de prata brilhante ou ouro, para cinza-claro, dependendo da temperatura e do ambiente.

Águas Furiosas

Da cor da água do mar, esses dragões são capazes de mudar de acordo com o ambiente. Eles têm um chifre longo e torcido no nariz, como um narval. Este chifre é muito sensível ao clima e os guia para onde querem ir. Suas pequenas asas são mais para se mover do que para voar, embora saltem e voem por curtos períodos. Eles têm uma grande barbatana dorsal como um tubarão diretamente atrás de sua cabeça; os outros picos nas costas são muito menores. Suas garras são palmadas, exceto a do polegar. Sua cauda termina em duas barbatanas largas. Os olhos cinza claro têm fendas azuis. Embora sejam um pequeno clã que deposita seus ovos perto da água do oceano em uma ilha remota, eles nadam em todos os principais oceanos, exceto no extremo norte ou no extremo sul.

Espuma do Mar

Suas escamas são espinhos verdes-azulados, que são maiores perto da cabeça e menores perto da cauda. Eles têm um terceiro conjunto de garras que são "mãos" no cotovelo de suas asas curtas. Suas orelhas são apenas buracos abertos. Seus olhos são azuis escuros com fendas pretas. Eles não são amigáveis com os humanos, especialmente os pescadores, cujas redes eles destroem.

Pérolas de Prata

Esses dragões vivem no Golfo Pérsico, no Mar da China e ao redor da Índia. Sua coloração lembra a de uma concha de ostra, mas as escamas são curtas e ásperas com pelos que vão do pescoço até a ponta de sua cauda curta e pontiaguda. Sua cabeça é de um branco perolado. Grupos de antenas sensíveis brotam em torno de sua cabeça. Os dedos de seis garras são cobertos pelas mesmas escamas de pelos desgrenhados. São criaturas tímidas, que colocam seus ovos nas praias em uma linha do tempo alternativa. Seus olhos verdes-pálidos têm fendas verde-escuras. Eles também têm antenas no queixo que parecem uma barba.

Sirrush

Este estranho clã é o membro mentalmente lento de todos os dragões. Eles vivem em terras pantanosas e foram chamados de "Lau" pelos africanos e "Sirrush" pelos babilônios. Preferem se esconder debaixo d'água e têm um odor fétido e um som de buzina. As patas traseiras fortes têm garras como as de uma ave de rapina. Eles usam suas patas dianteiras mais curtas, bem como suas caudas chicoteantes, para dilacerar qualquer um que os incomode. O longo pescoço sustenta uma cabeça de serpente, franzida como a de um lagarto, mas com um chifre na ponta do nariz. Suas escamas são cinzas, muito pequenas, finas e achatadas.

OS CLÃS DOS ANDARILHOS

Os Clãs dos Andarilhos têm este nome, porque ainda estão procurando por outros de seus clãs. Eles ainda têm esperança de encontrar outros de sua espécie, mas até agora isso não aconteceu. Esses clãs são os mais amigáveis com os humanos, mas ainda são desconfiados. Em seus mundos anteriores, eles sofreram genocídio deliberado de humanoides por causa da superpopulação e da caça por esporte. Os filhotes foram considerados animais de estimação de prestígio até que cresceram demais e então foram destruídos. Dos treze clãs, apenas cento e oitenta e dois dos combinados chegaram com segurança aqui. Os Quimisi foram os últimos a chegar e são os menos numerosos.

OLHOS DE DIAMANTE

Outro nome para este clã é "Olhos do Tempo". Seus olhos podem mudar de cor de acordo com o clima onde quer que estejam. Eles também podem mudar o clima e migram com os pássaros tanto no inverno quanto no verão. As fendas em seus olhos dourados escuros se abrem mais no centro, dando uma aparência em forma de diamante. A cor dos olhos muda de dourado para cinza-tempestuoso, dependendo de seu humor e/ou do clima ao seu redor. Suas escamas são em tons de cinza manchadas de branco. Seus chifres faciais acima de seus olhos se curvam para frente. As barbatanas dorsais são triangulares, de forma irregular e muito afiadas.

VIGILANTES DOS SONHOS

Alguns deste clã são metamorfos; seus nomes são Callia, Mujaji, Syrah, nNoemi e Yoshi, este último é um dos dragões menores e mais jovens. Suas escamas são mais longas e estreitas do que o normal e parecem penas. Essas escamas com aparência de penas contornam a borda frontal das asas e depois se transformam na membrana comum semelhante a um morcego. A coloração é de um cinza-azulado, com olhos cinza-claro. Sua cauda em forma de leque parece suave quando fechada, mas se alarga quando eles ficam chateados. Suas orelhas emplumadas têm três espinhos curtos atrás de cada uma.

Os Vigilantes dos Sonhos monitoram os sonhos preditivos.

Quando muitos sonhadores têm sonhos semelhantes sobre desastres, eles notificam o Alto Conselho onde a decisão é tomada se eles podem ou não evitar o desastre.

GARRAS DE OURO

Na-Chandrus e Esbosheth lideram este Clã. Sua coloração é vermelha com uma franja estranha de finos espinhos de ouro ao redor de seu rosto. Eles preferem as áreas secas da África ao longo do Mar Vermelho e da Etiópia.

Os ossos das asas são coloridos em um marrom rico e profundo e têm um terceiro conjunto de mãos em garra no cotovelo da asa dobrado para a frente. As escamas triangulares sobrepostas são finamente afiadas na cor cobre que combina com seus olhos estreitos. As costas espetadas também são de um marrom profundo com listras finas descendo até a barriga. Eles passam o tempo no deserto e em afloramentos rochosos.

HABITANTES INTERMEDIÁRIOS

Raramente são vistos, mas são uma grande força motriz dentro do Universo. Esses dragões abrem portais para outros níveis para os clãs passarem. Eles estão alertas em todos os níveis e cronogramas. Às vezes, eles aparecem brevemente como esferas iluminadas. Seu líder é Shwanaji.

É incomum ter um vislumbre dessas criaturas longas e esguias com seus chifres nodosos, pernas curtas e membrana ondulante nas costas até a cauda pontiaguda. Como camaleões, eles se misturam ao ambiente.

NAPATA

Este clã tem formas flexíveis em formato de pétalas em torno de seus rostos. Quando estão com raiva, essas pétalas se encaixam para trás em agulhas afiadas e dobradas. Suas cores pastel escurecem quando viradas. Suas garras têm polegares quase humanos. Na ponta de uma cauda, parecida com a de um felino, está o que parece uma esponja de pólvora, mas na verdade é uma arma, que pode enrijecer e se transformar em facas de agulha. Eles são/foram diplomatas, mas não hesitam um segundo em agir se a diplomacia for inútil.

CLÃ DOS ANDARILHOS

se parece mais com um pássaro
as fendas nos olhos são mais largas no centro dando a aparência da forma de diamante
hifres acima dos olhos
urvados para a frente
língua bifurcada
barbatanas dorsais são triangulares e possuem forma irregular
escamas são longas e se parecem com penas
cauda em forma de leque

Nenhuma mentira ou meia mentira pode passar por eles e eles não tiveram nenhum contato anterior com os humanoides. Duzentos e vinte e seis dragões passaram pelos portões sem perdas ou feridos. Eles têm qualidades dos elementos Terra e Ar: praticidade e inspiração. E estão relacionados com "Aquela que cochila".

Guardiões de Órion

Este foi o primeiro clã a chegar, em 30 de abril de 2010. Eles passaram sem luta, mas devido a um planejamento cuidadoso. Suas escamas lembram cota de malha. São em tons de verde, até os olhos. Olhar para um grupo desses dragões é como olhar para um bosque de árvores verdes misturadas. Alguns têm escamas lisas em vez de ásperas.

Os Guardiões de Órion são muito interessados em cristais de quartzo incomuns, assim como os Quimisi.

Cristais dos Sábios

Os líderes deste clã são Bozjik e Niniiak. Esses dragões são azul-prateados, com longos chifres pontiagudos em suas testas. Sua longa língua negra é bifurcada. Há espinhos longos e retos nas costas, subindo em um padrão aleatório de comprimentos. Os olhos amarelos são inclinados em seus crânios estreitos. "Sábio" neste contexto, refere-se aos elders, os anciãos. Eles trabalham com os Quimisi e outros na coleta de conhecimento.

Habitantes da Areia

O líder é Sutekh, o "Senhor dos Cavalos". Sua companheira é Shil-Al-Ananika, que significa "Bela". O clã também é chamado de Kemeri Talons, que o conecta de alguma forma ao Egito. Eles têm olhos cor de bronze extragrandes, com um escudo com chifres no nariz. Seu corpo longo, esguio e bronzeado e suas asas curtas marrom-avermelhadas os movem rapidamente sob a areia das áreas desérticas egípcias, onde se estabeleceram. A membrana nictitante do olho mantém a areia fora de seus olhos e eles constroem sob a caverna de areia, endurecida com sua saliva. Esses dragões sabem onde todos os antigos templos e cidades estão enterrados sob a areia.

ECLIPSE ESCARLATE

Khirsrit e Syena são os líderes deste clã, que vive no Sinai e na antiga Pérsia, ou o que hoje é a Síria, Iraque e Irã modernos. Eles são ligeiramente diferentes dos Habitantes da Areia, mas frequentemente se misturam com eles. Este clã prefere os penhascos escarpados, rochas e cavernas da antiga Babilônia e o Portão de Ishtar. Suas escamas lisas, finas e bronzeadas são perfeitas para evitar a areia, onde eles gostam de se banhar, usando suas asas curtas para levantar pequenas nuvens de poeira.

ANDARILHOS DE SIRIUS

Não há muitos membros neste clã. Eles costumam procurar planetas na galáxia de Sirius em busca de mais sobreviventes. Esses dragões têm um corpo pesado, com asas grandes e uma longa cauda em forma de pá. Como os Nascido das Estrelas, suas cores atravessam o espectro de cores básicas. Seus olhos de bronze-dourado têm fendas azuis escuras. Eles têm espinhos da ponta do nariz até o final da cauda. Suas mãos em garra têm cinco dedos além da garra do polegar, e eles têm uma espécie de camuflagem, que espalha pelos seus corpos tons da cor de suas barrigas.

CANTORES ESTELARES

Este clã é todo em tons de vermelho e um pouco menor em tamanho do que o normal. Eles destroem pelo som. Essas criaturas indiferentes podem causar perturbações celulares com seu canto. No entanto, eles farão isso apenas em legítima defesa. Suas escamas são de padrão irregular e eles têm quatro dedos em forma de garra e um polegar. Suas asas são estreitas e elegantes, com uma cauda em forma de flecha.

GARRAS TRIPLAS

Também chamado de Aziaks, as escamas deste dragão de corpo pesado são uma mistura de camuflagem de marrons e bronzeados. O rosto é largo e comprido; a cauda é uma bola de espinhos. As asas têm picos curtos ao longo das bordas dianteiras. Os cinco dedos das mãos têm duas garras, cada uma operando independentemente como pinças. O polegar tem apenas uma garra.

O QUIMISI

Este foi o último clã a vir para este plano. Alt Mumit (a mais sábia de todas as avós), assim como a Tiamat, veio com eles. Este clã guarda o repositório de toda a história universal antiga e dos dragões, especialmente a história espiritual de todos os planetas habitados. Eles são muito interessados em cristais de quartzo incomuns.

É um clã muito pequeno em número; por causa de sua placidez, eles perderam a maior parte de seu clã atravessando a Fenda do Véu. Eles fugiram de suas casas na galáxia apenas no último minuto. Suas escalas parecem um padrão de grade. A cor é de um roxo-escuro profundo que só reflete a coloração quando a luz capta seu movimento. Eles têm uma crista de nove chifres retorcidos na lateral e no topo da suas cabeças. Alguns chifres giram no sentido anti-horário, enquanto outros giram no sentido horário. Seus pés pretos têm sete dedos em garra e um polegar também em garra. Há um anel de pequenas escamas prateadas ao redor de seus olhos, que são de um rico bronze dourado com fendas pretas.

Eles também parecem ser os detentores do conhecimento sobre muitos fatos esotéricos e geometria sagrada, especialmente sobre o estranho cristal Merkaba, uma forma tridimensional de triângulos interligados. É muito possível que seu nome, forma e usos tenham chegado a este planeta com a primeira imigração dos atlantes, depois se espalhado para o Egito antes que as ilhas afundassem.

O nome "Merkaba" vem da mais elevada das antigas Escolas de Mistérios Egípcias e é encontrado em muitas línguas, incluindo o egípcio, o hebraico e o zulu. No egípcio antigo, *Mer* é um lugar de ascensão, *ka* significa o espírito individual e *ba* é o "veículo de luz" ou corpo astral. Obviamente, refere-se a um movimento dimensional do tempo, não à morte ou ao morrer. Ele controla a mudança de tempo e a interação das dimensões da luz e pode abrir a mente consciente para outras dimensões do Multiverso. Também amplifica o poder das formas-pensamento e da intenção concentrada. Se realizado durante uma meditação, o Merkaba ajuda na viagem no tempo e aprimora a parte de você que viaja astralmente.

CLÃS DOS GUERREIROS DAS TREVAS

Os Guerreiros das Trevas eram tão ferozes e consistentes em suas disputas de pátria com os humanoides, que foram deliberadamente alvo de vírus mutantes programados diretamente para eles. Também foram atacados por enormes exércitos de pequenos humanoides de cor vermelha brilhante. Esses dragões infectados pelos vírus escolheram ficar deliberadamente para trás em vez de correr o risco de espalhar a doença.

Os números de clãs que chegavam aqui eram pequenos. Pelo menos um clã veio com apenas seis membros mais a fêmea restante do par líder. Os Guerreiros das Trevas são muito distantes, desconfiados de todos os humanos, imprevisíveis e menos propensos a serem úteis.

VOADORES DA MORTE

Gigantescos e negros, esses dragões têm pupilas verticais em olhos dourados. Sua cauda tem pontas longas e cor de bronze, projetando-se a cada poucos centímetros na coluna vertebral. Eles põem ovos cinza-granito e são muito imprevisíveis, podendo atirar a mais de 30 metros. Também são chamados de Boshtark. Seu líder é Yoshabel, a companheira sobrevivente de seu outro líder morto.

FÚRIAS DO DESTINO

A cor principal desse clã é de uma ardósia escura, salpicada de sardas pretas. Os olhos oblíquos na cabeça larga são de uma cor de ardósia mais clara, com fendas pretas. As escamas parecem rochas planas. A cauda tem chocalhos semelhantes a cobras e um ferrão. As orelhas são longas e palmadas com dobras. As patas traseiras são mais longas do que o normal, com músculos pesados. As asas são grossas e têm espinhos curtos nas bordas externas.

OS EMPLUMADOS

Este clã é de um verde profundo e escuro com uma borda iridescente em suas escamas, semelhantes a penas. Eles têm pescoço longo e fino e cabeça estreita. Todos os seus pés têm escamas de penas salientes. O mesmo tipo de escamas percorre seu pescoço e corpo. Essas escamas são afiadas e podem endurecer para cima quando eles estão com raiva.

CLÃ DOS GUERREIROS DAS TREVAS

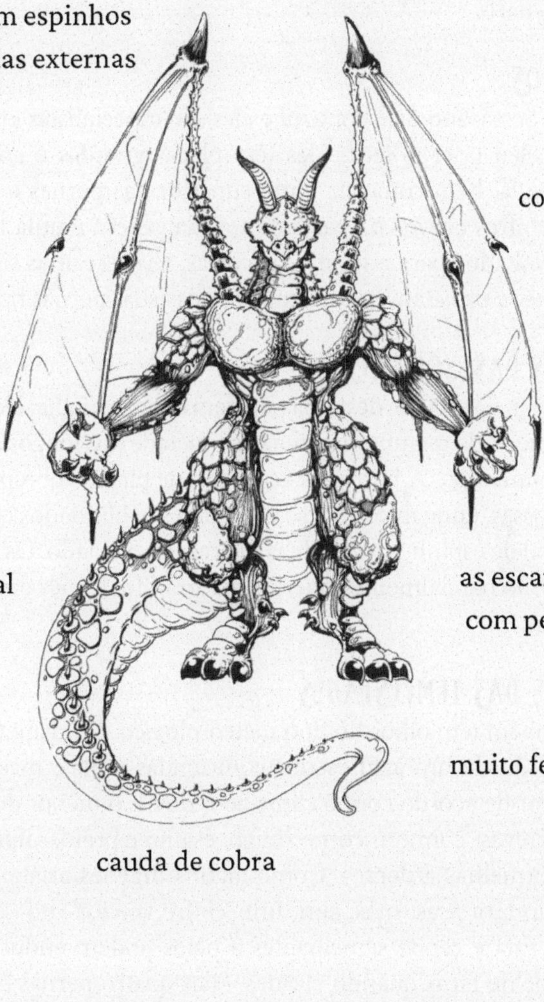
gigantesco
sas grossas com espinhos
urtos nas bordas externas
cor escura
espinhos na
coluna vertebral
as escamas se parecem
com pedras achatadas
muito feroz
cauda de cobra

JUÍZES GUERREIROS

Também chamado de Cuzztah. Tutakushu e Zatasha são os líderes. Este clã parece ser o juiz de qualquer disputa dos Guerreiros das Trevas. Suas escamas azuis meia-noite estão em padrões irregulares, com pontas pretas nas costas e em ambos os lados, até a ponta da cauda pontiaguda. Seu rosto e orelhas pontudas têm coberturas curtas semelhantes a pelos, antenas longas e curvas e um "bigode" de pelo que cobre o nariz.

SESSANANOS

O fogo dos Sessasano é de cor azul e eles são especialistas em táticas de batalha. Seu líder é Serif. Eles têm placas grandes e grossas da cabeça à cauda, bem como na parte superior das pernas e dos pés. Com dois chifres curvos na parte de trás da cabeça e uma fileira de triângulos voltados para a frente nas costas, suas escamas são semelhantes a que se projetam das articulações das suas pernas traseiras.

CAÇADORES DAS SOMBRAS

As escamas cinza-escuras deste clã parecem cota de malha. Dois pares de asas têm teias de membrana apenas na metade dos longos suportes ósseos emplumados. A barriga é coberta por placas sobrepostas de escamas grossas, enquanto o dorso e a cauda são blindados com uma fileira central de espinhos, mais duas fileiras de cada lado. Os orifícios das orelhas são parcialmente cobertos por grandes leques de escamas emplumadas.

CAÇADORES DAS TEMPESTADES

Este clã também tem olhos do tipo meteorológico. O líder é Chaosia. Seus olhos são de um azul-escuro com fendas pretas, mas podem mudar de cor de acordo com o clima ao redor. É o menor dos Guerreiros das Trevas, com um corpo longo, esguio e preto, salpicado de manchas vermelhas ardentes. Como alguns dragões asiáticos, estes também não têm asas, mas, sim, um "chifre voador" no centro da testa. Sua crina e cauda semelhantes a pelos podem endurecer em uma miríade de facas quando viradas. Suas quatro pernas e pés são muito pequenos.

ASAS DO TROVÃO

Também conhecidos como Pássaros do Trovão. Suas escamas irregulares e sobrepostas são uma mistura de tamanhos na cabeça, pescoço, parte superior do corpo e pernas. Sua cor cinza-tempestuosa muda como fumaça em seu corpo grosso. As pontas em sua espinha têm formato de dente de serra; um enorme pico está na curva superior de cada asa. Seus pés têm três dedos e um polegar, todos em garra. Escamas largas e pesadas cobrem seu peito e barriga. Seus olhos amarelos têm pupilas negras.

CAVALEIROS DO TEMPO

Este clã avança e retrocede no tempo em várias galáxias, coletando informações. Eles compartilham isso com os Quimisi. De tamanho médio, as escamas são de um marrom-terra escuro com listras ligeiramente mais claras, curvando-se de pontas espinhais afiadas ao longo da barriga. As escamas envolvem completamente a cauda, expondo apenas a farpa afiada no final. Existem vários chifres retos e curvos ao redor do rosto e nos ombros. Os olhos oblíquos pretos-esverdeados têm pupilas pretas em forma de fenda. A língua vermelha é longa e bifurcada.

MAGIA GUERREIRA

Este clã é praticamente invisível; eles também são chamados de Kunjavi e são altamente habilidosos no uso de Magia para derrotar seus oponentes. As escamas são pretas, com ziguezagues de cinza-escuro irregularmente descendo até a barriga. Os olhos são amarelos com fendas pretas. Vários pares de antenas circundam o focinho estreito. As orelhas são curtas e pontiagudas. Uma fileira de escamas triangulares curtas vai da ponta do nariz até o meio da cauda. A ponta da cauda é totalmente coberta por espinhos.

Conclusão

A GRANDE VIAGEM CONTINUA

Você aprenderá que alguns clãs são simplesmente muito estranhos em seus pensamentos ou em sua antipatia pelos humanos para confiar em trabalhar com a maioria de nós. No entanto, esses mesmos clãs podem funcionar bem com alguns Magos. Os últimos clãs que foram forçados a cruzar de outras linhas de tempo ou níveis são os menos amigáveis ou confiáveis. Devido a experiências passadas ou simplesmente porque não convivem com humanos há muito tempo, eles são altamente cautelosos e distantes. Um de cada clã, no entanto, parece estar reconhecendo e reunindo informações sobre os humanos e nos estudando cuidadosamente até que cheguem a uma decisão.

Por sua vez, precisamos permanecer tão respeitosos com os clãs mais indiferentes e cautelosos quanto com o resto da sociedade dos dragões. Eles são uma espécie de refugiados, e devemos respeitar isso.

Sei que as novas informações que incluí neste livro estão incompletas. No entanto, talvez todos os grandes clãs sejam mais agradáveis e receptivos no futuro.

Sua vida é um caminho, uma jornada. Consciente ou inconscientemente, você esteve em uma busca espiritual. É bom ter um sonho, uma visão, um plano positivo para o futuro. De tempos em tempos, esse caminho pode ser alterado, à medida que são dadas novas escolhas ou enfrenta-se obstáculos imprevistos. É difícil para nós ver os resultados dessas escolhas e mudanças. No entanto, mantendo-se firme em suas crenças e continuar fazendo o melhor que puder a qualquer momento, fará o caminho se endireitar novamente e você seguirá em frente. Seja paciente e persistente. Os dragões estarão ao seu lado sempre que precisar de ajuda para fazer suas escolhas.

Apêndice

A ideia por trás do uso de dias e horas planetários é que você está se conectando com uma energia mais forte para usar em seu ritual. Como os elementos são a substância do Universo, os planetas estão mais preocupados com a ação e com o processo. Os antigos usavam apenas sete planetas astrológicos: o Sol, a Lua, Mercúrio, Vênus, Marte, Júpiter e Saturno. Esses planetas também correspondem aos dias da semana e às horas de cada dia. Para usar este sistema, encontre o planeta que corresponde ao tipo de ritual que pretende fazer. Em seguida, selecione o dia e a hora adequados para fazê-lo. Lembre-se de ajustar o horário de verão, se necessário.

Embora os nodos astrológicos, asteroides e planetas externos não sejam frequentemente usados em práticas mágicas, eles são de valor real para o Mago que está disposto a dedicar seu tempo para aprender sobre eles e suas influências. Os nodos da lua, os cinco asteroides principais e os planetas além de Saturno não estão listados nas cartas horárias planetárias. No entanto, cada um desses corpos é considerado um aspecto superior de outros planetas. Você pode, portanto, usar as horas dos planetas semelhantes para trabalhar com eles.

Os nodos da lua, é claro, não são corpos físicos reais, mas pontos calculados que relacionam a órbita da lua com a órbita real da terra ao redor do sol. Os antigos astrólogos conheciam os nodos como nós ou complicações que eles usavam para mapear os céus. Eles conheciam o nodo norte como *Caput Draconis* (Cabeça do Dragão), e o nodo sul como *Cauda Draconis* (Cauda do Dragão). Ao ler um mapa natal, o nodo lunar norte simboliza a maneira pela qual o indivíduo recebe energia, eventos e influxos, e qualquer uso que a pessoa faz dessa energia na vida atual. O nodo lunar sul aponta para a liberação de energias, memórias e/ou hábitos negativos. Também sugere vidas passadas que ainda têm influência sobre a vida atual.

A lua nova e crescente são os períodos para feitiços de aumento, construção e crescimento; a lua cheia e minguante são para desmontar ou destruir coisas. Algumas coisas precisam ser desmontadas ou destruídas para que possam ser transformadas em algo melhor.

Cada planeta tem um cântico ritual do dragão para aspectos físicos, mentais/emocionais e espirituais do crescimento. Esses cânticos devem ser usados conjuntamente a velas de cores apropriadas.

Você também pode aumentar a energia optando por esfregar a vela com um óleo correspondente e, em seguida, rolando-a nas ervas esmagadas apropriadas. Se desejar esculpir quaisquer símbolos ou palavras na vela, faça-o antes de lubrificá-la. Ao lubrificá-la, faça-o do pavio para o fundo para trazer as coisas para você e do fundo para o pavio para removê-las. Deixe a vela queimar em um local seguro. Você pode também inserir os rituais de velas em ritos mais formais, se assim o desejar.

É uma etiqueta adequada pedir aos dragões que se juntem a você em qualquer Magia do Dragão que fizer. Por que eles deveriam se juntar a você se não foram convidados? E não se esqueça: você quer especialmente seus dragões guardiões e auxiliares-mágicos ao seu lado!

Para começar, segure a vela sem óleo em suas mãos e cante o Feitiço de Realização:

Com o brilho do sol o poder começou.
Pela luz do raio de luar o feitiço acertou,
Para criar desejo pela Terra e pelo Fogo,
Água, Ar, faça a Magia justa de novo.
Poderoso Feitiço de Realização,
empreendimento criativo
de Magia e movimentação.
Pela Tempestade, seja formado!

Dragões de Cada Planeta

Sol

Dia: domingo
Regente: Leão

Rituais: saúde, cura, confiança, esperança, prosperidade, vitalidade, realização pessoal, família imediata, energia vital, dinheiro, favor, honra, promoção, sucesso, apoio dos que estão no poder, amizades.

Cântico físico:

Corpo forte e vitalidade,
Peço que me dê com vontade.
Dragão do Sol, olhe para mim, por favor
Para que poder e riquezas possam ter sabor.

Cântico Mental-Emocional:

Eu preciso de um impulso de confiança,
Um círculo firme de amizade verdadeira,
Veracidade baseada em esperança.
Dragão do Sol, agradeço a vida inteira.

Cântico Espiritual:

Eu semeio seu dom de realização pessoal,
Harken, Dragão do Sol!
Conceda-me sucesso em meu caminho espiritual.
Ajude-me, Dragão do Sol.

LUA

Dia: segunda-feira
Regente: Câncer
Rituais: viagens, visões, adivinhação, sonhos, Magia, amor, agricultura, vida doméstica, medicina, sorte, aspectos femininos, água, nascimento, roubo de tempo, emoções.

Cântico físico:

Eu procuro Magia, profunda e antiga,
Todo o amor que meu coração pode conter,
Magia verde das plantas e da Terra,
dádivas psíquicas para ajudar a renascer.

Cântico Mental-Emocional:

As emoções e o tempo são difíceis de controlar,
Ó Lua, e difícil de compreender
Ensina-me seus rituais e métodos mágicos a realizar
Para que eu possa controlar em breve o que aprender.

Cântico Espiritual:

Visões do futuro que vêm à noite
Quando a Lua prateada cavalga alto no céu,
busco instrução para desvendar meus Sonhos
Para meu espírito crescer e prosperar neste véu.

MERCÚRIO

Dia: quarta-feira
Regentes: Gêmeos e Virgem
Rituais: intelecto, memória, ciência, criatividade, negócios, feitiços mágicos, adivinhação, predição, eloquência, dom de línguas, velocidade, fala, escrita, poesia, inspiração, melhoria do poder da mente, cura de distúrbios nervosos.

Cântico físico:

Magia, artes, sucesso em meu ofício,
sabedoria empresarial e adivinhação,
esses são os dons para meu crescimento físico
E para ajudar na minha conjuração.

Cântico Mental-Emocional:

O fogo constante do intelecto
A luz da criatividade,
Inspiração e eloquência,
Peço agora receptividade

Cântico Espiritual:

Poder de previsão para ajudar meu próximo,
Conceda isso, dragão de Mercúrio.
Poder de cura para a mente e a alma e os negócios,
Ensine-me os usos, ó grande dragão dos augúrios!

VÊNUS

Dia: sexta-feira
Regentes: Touro e Libra
Rituais: amor, casamento, amizade, prazer, beleza, criatividade artística, imaginação, fertilidade, parcerias, sexo, harmonia espiritual, compaixão, filhos

Cântico físico:

Meu coração e minha alma anseiam agora,
o verdadeiro amor e amizade sem demora.
Dragão de Vênus, compartilhe esse presente
e sua lealdade potente.
Pois ao experimentá-los, certamente,
forte me tornarei novamente.
Ensina-me as alegrias, então,
da verdadeira sociedade com precisão.

Cântico Mental-Emocional:

A beleza vem em todos os disfarces,
até na criatividade real.
A imaginação ilumina a vida em partes.
E concede-me fertilidade mental.

Cântico Espiritual:

A HARMONIA DA ALMA É UM DOM FENOMENAL.
Ó DRAGÃO DE VÊNUS,
ENSINA-ME A HARMONIA ESPIRITUAL.
COMPAIXÃO POR TODOS OS SERES EM TODOS OS LUGARES
EU ENVIO EM SUAS ASAS, GRANDE ANIMAL.

MARTE

Dia: terça-feira
Regentes: Áries e Escorpião
Rituais: energia, coragem, batalha, conflito, morte, aspectos masculinos, cirurgia, força física, oposição, defesa, resistência.

Cântico físico:

FOGO-CORAGEM, QUEIME MUITO MAIS ALTO,
ENERGIA, VENHA,
LIBERTE-ME DA VONTADE ALHEIA.
ENSINA-ME AINDA CONTUDO
A SER EU MESMO, ACIMA DE TUDO.

Cântico Mental-Emocional:

EU ME PREPARO PARA A BATALHA CONTRA MEUS INIMIGOS.
FIQUE AO MEU LADO, DRAGÃO VERMELHO E AMIGO.
NOSSA DEFESA E RESISTÊNCIA NÃO PODEM SER DERRUBADAS.
JUNTOS SEREMOS VITORIOSOS NESSA JORNADA.

Cântico Espiritual:

ÀS VEZES, O CONFLITO DENTRO DO MEU SER
IMPEDE O OBJETIVO ESPIRITUAL DE SE MANIFESTAR.
LEVANTE O VÉU E DEIXE-ME VER
QUE MUITAS VEZES O NEGATIVO EU POSSO INTERNALIZAR.

JÚPITER

Dia: quinta-feira
Regentes: Sagitário e Peixes
Rituais: honra, riqueza, saúde, amizades, desejos do coração, sorte, realização, religião, comércio e emprego, tesouro, questões legais.

Cântico físico:

Conceda-me sucesso e honra.
Muda minha sorte e me dê fama.
Riquezas e felicidade fiz por merecer
tudo o que você dá a minha vida pode conter.

Cântico Mental-Emocional:

São necessárias metas na vida
para trazer paz à mente ferida.
Metas para mão e para o intelecto,
Envia-me, ó dragão, esta condição eu lhe peço.

Cântico Espiritual:

Qualquer tarefa eu posso realizar
Com o dragão de Júpiter a ajudar.
Caminhos espirituais se abrem diante de mim,
Coloque meus pés no caminho certo enfim.

SATURNO

Dia: sábado
Regentes: Capricórnio e Aquário
Rituais: conhecimento, familiares, morte, reencarnação, proteção de edifícios, amarração, superação de maldições, proteção em geral, retribuição, deveres, responsabilidades, influências, doutrinas.

Cântico físico:

Elimine o negativo. Traga o bem.
Amarre meus inimigos e as maldições também.
Proteção para mim e aos meus entes agora.
Envie de seu grande salão escuro sem demora.

Cântico Mental-Emocional:

Responsabilidades e deveres não devem pesar
Como meu corpo e minha mente me fizeram pensar.
Mostre-me o karma que devo suavizar
para que a batalha seja vencida sem demorar.

Cântico Espiritual:

Através das espirais e brumas do tempo
busco conhecer os caminhos cármicos que não entendo.
Que novas alturas sublimes eu possa alcançar
E me expandir e crescer espiritualmente para não mais errar.

A LÍNGUA DOS DRAGÕES

Como os dragões preferem usar a telepatia em vez da comunicação verbal com humanos, pedi a eles algumas palavras de dragão para humanos falando com outros humanos. A seguir está uma lista com as palavras do dragão escritas foneticamente. Se duas letras "As" forem escritas, ambas serão pronunciadas.

Cumprimentos a todos	*En yal*
Prazer em conhecer você (para dragões)	*Onkkyla*
Prazer em conhecer você (para humanos)	*On mila*
Até a próxima	*Zar yalto*
Descanse bem	*Synta natal*
Até o próximo encontro	*Onkyla a'a shunan*
Eu me saí bem?	*A'yee sylvim?*
Sim	*Bytah*
Não	*Negta*
Você já terminou?	*Net rwi a'ah kyp?*
Você me entende?	*Net doraratia?*
Qual o seu nome?	*Kylan a net?*
Onde é o encontro?	*Contoo a'a cirklo?*
Ajude-me!	*Taloo kee yee!*
Veja!	*Baynto!*
Tome cuidado!	*Mish cortush!*
Sinto muito	*Yee a rosa*
Concordo com você	*Yee a compleex*
Eu desejo falar!	*Yee seejah!*
Antigos	*Hyl Agisho*
Meu amigo	*Yea a'a dinsh*

NOMES DE RESPEITO AOS DRAGÕES

Você nunca deve chamar nenhum dragão por seus nomes, a menos que tenha permissão direta para isso. Fazer o contrário é considerado muito rude, assim como chamar um dragão apenas pelo nome do seu clã.

A seguir está uma lista de nomes de respeito, que irá mantê-lo longe de problemas ao encontrar e se comunicar com qualquer dragão:

Chasah: nome para um líder de qualquer clã. Significando "líder" ou "guia", este nome de respeito é usado quer o dragão seja feminino ou masculino. É bastante comum que mulheres liderem clãs.
Mon-Tah: seu professor/parceiro mágico, a menos que tenha permissão para usar seu nome.
Moon Gutash: membros do Clã Estrela Lunar, exceto seus filhos.
Moosha: nome de todos os guardiões do portal, que são membros do clã Coração Selvagem. O nome significa "guerreiro".
Mot-Tah: outros professores e parceiros mágicos.
Star-Gutash: membros do clã Nascido das Estrelas, exceto jovens, que você provavelmente nunca verá.
Tad-Ekam: nome de qualquer dragão do Caos.
Tah-Soor-Izoris: os anciãos e dragões muito importantes que você conhece.
Tika: um nome infantil geral para os dragões pequenos e guardiões de qualquer clã.

Geometria Sagrada

A geometria sagrada, também conhecida como "sólidos platônicos", é considerada um dos símbolos mais espirituais da região do Mediterrâneo desde a época do filósofo Platão. Ainda hoje no judaísmo essas figuras são estudadas como um caminho sagrado para os caminhos espirituais mais elevados. Outros os estudam como um ramo superior da numerologia. Em vez de confundir o leitor com as muitas explicações espirituais, prefiro usar o desenho da geometria sagrada como símbolos para aumentar o poder dos feitiços mágicos.

Os Quimisi possuem o maior conhecimento da geometria sagrada, juntamente à Magia do símbolo da estrela. Como eles foram o último clã a vir a este plano por causa da perseguição, ainda há muito a aprender sobre eles.

Círculo: plenitude, ciclos potenciais em constante expansão.

Dodecaedro: uma das cinco figuras tridimensionais chamadas "sólidos platônicos". Esta forma contém a sabedoria cósmica dentro de sua estrutura e é um geométrico de doze lados iguais de cinco partes. Ela incorpora o pensamento ou a vontade divina. Significa céu, éter, prana e energia feminina. Isso o conecta com o pensamento divino e com a percepção da universalidade da unidade. Afasta-se do conceito de dualidade para uma experiência de unidade com o seu ser, amor universal, unidade e consciência.

Espiral: conexão cósmica. O começo, a germinação, a semente da qual brota toda a vida. O DNA humano tem a forma de uma hélice dupla (uma espiral dupla) que nos dá um estoque oculto de conhecimento e sabedoria, chamado de frente ou luz oculta. Espirais se expressam na natureza como vento, maré e tempestade; internamente como agitação emocional e calma.

Estrela Tetraedro: uma forma tridimensional. Ela se junta a um ascendente enfrentando o tetraedro, representando a energia masculina e o fogo, com um tetraedro de facção descendente, representando a energia feminina e a água. Entrelaçadas, elas significam equilíbrio dinâmico e consciência expandida. A forma está contida no campo de energia que envolve seu corpo. Quando ativada, forma um veículo de ascensão no espaço-tempo chamado "Merkaba". A união *mer* (luz), *ka* (espírito) e *ba* (corpo) é sagrada e responde diretamente à emoção. A Estrela Tetraedro se estende muito além de sua vida cotidiana e entra em contato com seu Eu Superior e a sabedoria universal. Representa um buscador de conhecimento intuitivo. É um instrumento de consciência expandida, viagem multidimensional, o caminho para a ascensão, cocriação e união.

Heptágono: um polígono de sete lados. Representa o movimento através dos ciclos. Cada ação que tomar cria harmonia ou discórdia. Sete é um número muito sagrado em muitas culturas ao longo da história, e muitas coisas podem ser encontradas agrupadas em séries de sete: raios do arco-íris, notas musicais, estágios de transformação e assim por diante.

Hexaedro: um cubo. Sendo uma forma tridimensional, é um dos sólidos platônicos. Representa solidez, força, ordem restrita e estabilidade.

Hexágono: uma forma geométrica de seis lados. Significa estrutura, função e ordem. Espiritualmente falando, é espaço, poder e tempo transmutados pela consciência. As formas de energia são fogo e relâmpago, nuclear e solar – todas são ativas e dinâmicas, mas têm o poder de transmutar as coisas em algo novo.

Icosaedro: formado por vinte faces triangulares equiláteras, este é um dos cinco sólidos platônicos tridimensionais. Esta forma caberá em uma esfera. Representa o início de uma nova consciência, assim como a água, os líquidos e a energia feminina. Peça orientação interior e permita que o fluxo entre em seus pensamentos de uma forma que libere velhos padrões e traga luz e sabedoria superior. Você ficará surpreso com a facilidade com que desvenda a situação depois de vê-la de um novo ponto de vista. Busque uma nova perspectiva.

Nonagon: vindo do maior número de um dígito, é um limite. Uma trindade de trindades, três vezes três. Representa perfeição, equilíbrio e ordem. É a extensão, conquista e conclusão final. A conclusão de um ciclo em sua vida. Você deu tudo de si e deu o seu melhor, agora está no portal de algo inteiramente novo.

Octaedro: uma forma com oito faces triangulares, é um dos sólidos platônicos tridimencionais. O octaedro ajuda a se conectar com sua criança interior. Honre as mensagens internas que recebe dele. Esta forma incorpora a Magia Simpática, as fases da lua e a renovação periódica. Oito multiplicados por oito é igual a sessenta e quatro. Existem sessenta e quatro códons conhecidos no DNA humano. A figura oito deitada de lado é o símbolo do infinito, da nutrição e do elemento Ar.

Pentágono: poder e excelência. Esta forma geométrica de cinco lados contém energia que representa poder, excelência, regeneração e transcendência. Quando os pontos médios de cada lado são conectados, eles formam uma estrela de cinco pontas ou um Pentagrama, um símbolo de poder e proteção. O pentágono representa seu potencial pessoal e a capacidade de transcender obstáculos.

Quadrado: substância terrena, matéria, segurança. As quatro direções. Honramos nossos potenciais sempre em expansão invocando as quatro direções dentro de um círculo.

Símbolo do Infinito: representa o equilíbrio de todas as expressões da consciência. É uma totalidade ininterrupta em movimento fluido. Aja com esperança e clareza de intenção.

Tetraedro: uma das cinco formas geométricas tridimensionais, chamados de "sólidos platônicos". Tem quatro faces triangulares iguais. Também chamado de "Olho do Dragão", significa fogo, ação e compreensão.

Triângulo: começo, meio, fim; corpo, mente, espírito. Representa o espírito, a divindade, a vida, a força, a harmonia e a completude. Voltado para cima, é considerado um símbolo do fogo e da energia masculina. Voltado para baixo, é energia feminina, família e água.

Magia de Padrão Estelar

Há uma longa história na Magia sobre usar diferentes formas de estrelas para simbolizar a sabedoria esotérica e as energias multiversais. O Clã Quimisi é bastante adepto desse conhecimento. Eles estudam astronomia e astrologia e as galáxias celestiais em geral e usam símbolos estelares como proteção, prevenção e para mudar as coisas conforme são guiados pelo conhecimento de sua Magia Estelar secreta. Você pode esculpir esses símbolos em velas ou desenhá-los no papel para canalizar a energia necessária em um feitiço.

A estrela de três pontas – um triângulo – representa o equilíbrio dos três níveis principais do Outromundo. Três é um número místico que pode dar sorte, coragem e resistência. O conjunto de anéis triplos interligados representa corpo, mente e espírito.

Existe uma estrela de três pontas muito especial chamada "Olho do Dragão". Este é um design antigo muito apreciado pelos lapidadores de pedras preciosas nos tempos medievais. Tradicionalmente, esse corte era considerado muito mágico e sagrado para as nove musas. Uma estrela de quatro pontas cortadas originária da China é chamada de "Nó da Eternidade".

A estrela de cinco pontas também é chamada de "pentagrama". Ela atrai elementais e anjos se o quinto ponto for para cima. Se estiver para baixo, atrai energia distorcida. É um símbolo de harmonia, saúde e poderes místicos; que pode prender ou repelir a energia negativa.

A estrela de seis pontas é um padrão de dois triângulos sobrepostos, chamado "hexagrama", "Selo de Salomão" ou "Estrela de Davi". Representa mudança e sorte. Use-a para proteção através do equilíbrio dos opostos.

Uma estrela de sete pontas também é chamada de "heptad", "Estrela Mística", "Estrela Élfica" ou "Estrela dos Élficos". O número sete também era considerado o mais poderoso e sagrado de todos os números para os antigos egípcios. É excelente para entrar em contato com dragões e indicar que você está pronto para estudar com eles. Ativa as energias curativas. Como um símbolo protetor, esta estrela pode equilibrar todos os chakras e está associada às sete irmãs das Plêiades, um planeta natal de alguns dos clãs de dragões.

A estrela de oito pontas, ou "octógono", é um desenho benéfico para atrair força e crescimento após eventos traumáticos. Ela muda o caminho da vida para um novo ciclo. Também pode corrigir e equilibrar o karma.

Uma estrela de nove pontas é o símbolo tradicional de uma iniciação espiritual e é repleta de grande poder, porque é composta de três triângulos unidos. Use-a para terminar um ciclo e começar um novo. Ela protege todos que a utilizam.

A estrela de dez pontas simboliza a conclusão satisfatória. É muito útil em Magia que afeta sua carreira ou um futuro emprego.

E a estrela de doze pontas é uma representação direta do zodíaco e da astrologia. Cada ponto significa uma casa zodiacal de um mapa astrológico. Ative a energia desta estrela traçando suas linhas no sentido horário. Ao fazer isso, você pode minimizar os efeitos negativos de uma situação.

PEDRAS POR COR

O poder das pedras pode ser usado colocando uma pedra perto de sua vela enquanto queima, ou você pode usá-la em joias. A pedra emana certos poderes vibratórios que aumentam a energia daquilo que precisa. Para obter informações mais detalhadas sobre pedras e ervas, verifique meus dois livros anteriores sobre dragões. Certos tipos de pedras também têm seus próprios poderes individuais.

Amarelo: poder e energia da mente, criatividade do tipo mental, mudanças repentinas, habilidades de comunicação, aumento da visualização, viagens.
Azul: cura, harmonia, compreensão, viagens ou movimentos, paz, emoções calmas, cessar pesadelos, sono reparador, purificação do ser interior.
Branco: orientação espiritual, Magia da lua, visões, adivinhação, sonhos.
Índigo e turquesa: para descobrir vidas passadas ou problemas cármicos, equilibrar o karma, ideias novas e únicas.
Laranja: mudança de sorte, poder, proteção pelo controle de uma situação, iluminação, poder pessoal, construção de autoestima, atrair sorte e sucesso.
Marrom: amplifica toda a Magia da terra e habilidades psíquicas.
Preto: defesa geral, ligação, para repelir a Magia Negra, a maldição, reverter formas-pensamento e feitiços em poder positivo.
Rosa: amor verdadeiro, amizade, relaxamento, calmante, suavizar dificuldades, construir amor-próprio, paz, felicidade.
Roxo: quebra o azar, proteção, sucesso em planos de longo alcance, crescimento espiritual
Verde: crescimento, fertilidade, dinheiro, casamento, boa saúde, aterramento, equilíbrio.
Vermelho: energia, coragem, defesa, amor físico, sexualidade, força, poder.

PEDRAS ADICIONAIS PARA MAGIA

Você vai encontrar listas mais completas de pedras e como usar seu poder em Magia nos livros *Dancing with Dragons* e *Mystical Dragon Magick*. No entanto, essas pedras são especialmente poderosas e importantes.

Ágata de Fogo: devolve a negatividade ao remetente; ajuda a ler os símbolos intuitivamente e a se abrir para os dons espirituais.
Âmbar: renascimento e renovação.
Ametista: coragem e fortalecimento dos relacionamentos.
Cristal de quartzo: amplifica o poder mágico. Todos os dragões são atraídos pelo quartzo.
Estaurolita: parece um x ou uma cruz de braços iguais; símbolo de proteção. Use para equilíbrio em todos os níveis, como dinheiro, boa sorte, riqueza, boa saúde.
Geodo: representa a caverna do dragão durante a Magia de Iniciação.
Jasper, Sangue de Dragão: proporciona melhor conexão com os dragões.
Labradorita: diz-se que contém mistérios encantados das luzes do Norte.
Lodestone ou Magnetita: atrai poder para atrair o que deseja.
Madeira petrificada: árvores antigas fossilizadas. Use para defesa, criando barreiras, explorando vidas passadas.
Madrepérola Negra: habilidade psíquica.
Opala Branca: clareza mental.
Opala Etíope: pedra de alta vibração que queima o karma do passado e abre caminho para o renascimento. Sabedoria antiga.
Pedra da Lua arco-íris: ajuda a ver os símbolos invisíveis, lidos intuitivamente e a se abrir para dons espirituais.
Pedra da Lua Negra: um tipo de labradorita. Protege e abre seu campo energético para altas vibrações. Use para atrair um guia espiritual.
Pedra da Lua, azul ou branca: pedra de alta vibração que cria um caminho de energia geométrico sutil em forma de Merkaba para o cérebro físico.

Pedra do Dragão: também chamada de "Bastita". Ativa a criação em todos os níveis, bem como a energia do dragão na Terra; tira a ordem do caos.

Pedra furada ou com buracos: pedras com um furo naturalmente formado; um símbolo do buraco através do tempo e do espaço.

Pedras fósseis: qualquer pedra com restos fossilizados de uma planta ou animal oferece proteção, equilíbrio com as energias da Terra, instrução sobre vidas passadas e orientação através de outros mundos.

Pirita: dinheiro, prosperidade, sucesso total; intensifica a boa sorte.

Serpentina verde: paz interior, alegrias tranquilas da natureza.

Tanzanita: pedra de Magia; contém força vulcânica.

Tectita/Meteorito: ajuda a se conectar com o poder estelar e com o Universo; proteção, viagens de um plano de existência para outro.

Turquesa, azul e roxa: proteção.

BATERIAS DE PEDRA

É sempre bom manter pequenas "baterias" de pedra disponíveis para uso emergencial, como as baterias externas usadas para recarregar celulares e tablets eletrônicos. O tipo de pedra realmente não importa, embora os cristais de quartzo sejam os melhores. No entanto, você deve ter conhecimento sobre os cristais, pois alguns não podem ser usados como baterias. Pequenas pedras comuns funcionam bem para baterias e podem ser carregadas em uma pequena bolsa caso for viajar.

Segure as pedras em suas mãos, esfregue-as suavemente e visualize o poder do dragão fluindo através de você para as pedras. Diga:

Dragões dos elementos,
sol e lua e cada estrela do firmamento,
Derrame seu poder nestas pedras,
esteja longe ou esteja perto.
Preencha cada uma delas, de ponta a ponta,
com sua energia pura e brilhante que desponta.
Inunde essas pedras com o sopro do dragão,
a luz mais forte do Multiverso e da imensidão.

Coloque as pedras fortalecidas em uma bolsa especial. Em seguida, respire suavemente no saco para prendê-las às suas vibrações. Isso evita que qualquer outro Mago as use.

Você pode usar a energia de apenas uma pedra segurando-a enquanto canta, ou pode invocar todas as pedras segurando suas mãos acima delas. Ao invocar as "baterias" de pedra para liberar sua energia armazenada, diga:

Pedras, despertem.
Responda ao meu apelo.
Derrame seu poder.
Trabalhem para mim com zelo.

Use o Encanto de Criação no final de um feitiço para torná-lo mais poderoso.

Pelo brilho do Sol, o poder começou.
Pela luz do luar, o feitiço se acertou,
Para criar o desejo pela Terra e pelo Fogo.
Água, Ar, faça a Magia se ajustar.
Poderoso encanto de fazer,
empreendimento mágico criativo pode ser.
Pela tempestade, seja formado!

Cores das Velas

Preto: discórdia, proteção contra retribuição, poder, força de vontade, força, vingança, reversão, descruzamento, vinculação de forças negativas, proteção, liberação, repelir Magia Negra e formas-pensamento negativas.

Amarelo: intelecto, imaginação, poder da mente, criatividade, confiança, persuasão gentil, ação, atração, concentração, inspiração, mudanças repentinas.

Azul: verdade, inspiração, sabedoria, poder oculto, proteção, compreensão, boa saúde, felicidade, paz, fidelidade, harmonia no lar, paciência.

Azul-escuro: definitivamente os lados mais sombrios desses aspectos.

Azul-esverdeado: para o lado emocional desses aspectos.

Azul-iridescente: o lado espiritual desses aspectos.

Branco: pureza, espiritualidade e realizações superiores da vida, verdade, sinceridade, poder de uma natureza superior, integridade.

Dourado ou amarelo bem claro: grande fortuna, intuição, compreensão, adivinhação, sorte rápida, benefícios financeiros, atração de influências superiores.

Índigo ou turquesa: meditação, neutralização da Magia de outra pessoa; parar com a fofoca, mentiras ou competição indesejável; karma desequilibrado.

Laranja: encorajamento, adaptabilidade, estimulação, atração, mudanças repentinas, controle, poder, atrair coisas boas, mudar a sorte.

Magenta: frequência vibracional muito alta que tende a funcionar rápido, por isso costuma ser queimada com outras velas. É melhor para mudanças rápidas, cura espiritual, exorcismo.

Marrom: atrai dinheiro e sucesso financeiro; concentração, equilíbrio, ESP, intuição, estudo.

Prata ou cinza claro, muito claro: remove poderes negativos; vitória, estabilidade, meditação, desenvolvimento de habilidades psíquicas.

Rosa: amor verdadeiro, carinho, romance, despertar espiritual, cura do espírito, união.

Roxo muito escuro: uma cor difícil de lidar, pois seus desejos podem se transformar em obsessões negativas.

Roxo: sucesso, idealismo, habilidade psíquica superior, sabedoria, progresso, proteção, honras, contato com espíritos, quebrar um ciclo de má sorte, afastar o mal, adivinhação.

Verde: abundância, fertilidade, boa sorte, generosidade, dinheiro, riqueza, sucesso, renovação, casamento, equilíbrio.

Vermelho: poder físico, força de vontade, força, sexo puramente físico. Se não for usado com a intenção correta, isso pode transformar a energia em obsessões.

CRISTAIS DE QUARTZO ESPECIAIS

Os dragões parecem gostar muito dos cristais de quartzo, embora adorem todas as pedras. O quartzo tem uma longa história mágica na Terra; entendo pelos dragões que os cristais de quartzo são valorizados em todos os planetas do Multiverso.

A seguinte lista de descrições irá ajudá-lo a identificar vários tipos de cristais de quartzo. Uma lupa e uma luz de feixe azul podem ser úteis. Não entendo o motivo de o azul mostrar melhor as inclusões no quartzo; só sei por experiência própria que isso acontece. Os mais interessantes não são os absolutamente transparentes, mas os cristais que possuem inclusões e fraturas em seu interior.

Abundante: um grande cristal pontiagudo com pelo menos sete outros pequenos pontos ao redor da base em posição vertical.

Aglomerados: uma formação que consiste em vários pontos de cristal, todos crescendo a partir de uma base comum. Coloque suas pedras e cristais nele para recarregá-los.

Atlantes ou Guardiões de Registros: dizem que os Guardiões de Registros com triângulos equiláteros possuem registros atlantes. Os Atlantes têm sido o marcador por muito tempo, especialmente para os cristais de Arkansas.

Biblioteca: um cristal com uma estranha formação irregular de cristais achatados e atarracados na lateral. Esses anexos são apenas pequenas elevações e não têm a forma cristalina usual.

Canalização: às vezes chamado de "sábio" do clã de cristal, este é um cristal de crescimento espiritual com sete lados.

Dévico: geralmente tem muitas fraturas internas e inclusões. Às vezes, os cristais não têm pontas. O cristal contém um grande número de fraturas internas e inclusões que muitas vezes revelam formas de elfos, fadas, outros espíritos da natureza ou animais.

Diamante Herkimer: encontrados perto de Herkimer, em Nova Iorque, são cristais pequenos, atarracados e de dupla terminação, geralmente muito claros. Use-os para sonhos, visões, viagens no tempo, mudança dimensional e para abrir portais dimensionais.

Dow: três faces de canal de sete arestas do mesmo tamanho na ponta pontiaguda, com três triângulos de mesmo tamanho alternados.

Elestial: também chamado de cristal esquelético. As características deste cristal são de pontos planos ou quase planos, com espaçamento triangular irregular. Geralmente tem aparência de queimado. Pode conter gotas de água encapsulada e ter estranhas marcações crípticas.

Ênidro: também chamado de hidrolita, contém gotas de água.

Espírito guardião: dois cristais de terminação dupla ligados naturalmente aos lados, de comprimento igual ou quase igual. Cristais muito pessoais para se conectar a professores espirituais, guias e guardiões.

Face de Ísis: a face principal na ponta tem cinco arestas, como um triângulo em cima de um retângulo

Fantasma branco: tem um pequeno contorno branco de uma ponta de cristal no interior. É possível usá-lo para acessar os Registros Akáshicos e memórias de vidas passadas; também ajuda a se conectar com guias espirituais.

Fantasma preto: tem um pequeno contorno preto de um ponto de cristal dentro dele.

Geada de fada: inclusões de água, gases, ar e fraturas internas; têm belos véus interiores.

Gravado: um cristal com marcas naturais geométricas e/ou hieroglíficas.

Guia: às vezes chamado de golfinho. Tem um cristal muito menor, perfeitamente formado, ligado naturalmente a um dos lados.

Janela de diamante: uma forma de diamante vertical de quatro lados aparece em ou como uma das faces principais. Geralmente são bastante claros.

Manifestação: também chamados de Criadores, porque contêm outro cristal perfeitamente formado dentro de si.

Registrador: tem um símbolo geométrico (geralmente um triângulo) gravado naturalmente nas laterais ou no interior. Pode ser usado para acessar informações antigas desde a Atlântida e a Lemúria.

Rutilado: cristal transparente contendo fios finos de ouro, titânio, amianto, turmalina-negra ou carbono fossilizado.

Semente Lemuriana: registradores com triângulos alongados ou irregulares; eles também devem ter ranhuras horizontais ou estrias nas laterais. Geralmente têm naturezas gravadas que se parecem com hieróglifos. É possível recuperar as informações que eles contêm esfregando as ranhuras com os dedos enquanto medita. Também podem ajudá-lo a encontrar conhecimentos antigos e esquecidos.

Terminação dupla: um cristal com uma terminação em ambas as extremidades.

Transmissor: tem uma face triangular proeminente. Em cada lado desta face estão duas faces de sete lados com uma face de canal menor de sete arestas opostas.

Véu: também chamado de cristal de parede. Tem uma fratura interna ou inclusão que divide completamente o interior. Este véu pode parecer sólido ou transparente. Às vezes, esses cristais também têm arco-íris.

Livros de Interesse

Aima. *Perfume Oils, Candles, Seals, and Incense*. Los Angeles: Foibles Publications, 1981.

Ash, Heather. *The Four Elements of Change*. San Francisco: Council Oak Books, 2004.

Bailey, Alice. *Esoteric Astrology*. Three volumes. New York: Lucis, 1976.

Blavatsky, H. P. *Isis Unveiled*. [n.p.]: New York, 1887. Reprint, Secaucus, NJ: Citadel Press, 1980.

———. *The Secret Doctrine*. [n.p.]: New York, 1888. Reprint, Secaucus, NJ: Citadel Press, 1980.

Branston, Brian. *Gods and Heroes from Viking Mythology*. New York: Schocken Books, 1982.

Budge, E. A. Wallis. *Amulets and Superstitions*. London 1930.Reprint, New York: Dover Publications, 1978.

Byfield, Barbara Ninde. *The Glass Harmonia*. London: Colier-Macmillan Ltd., 1967.

Campbell, Joseph. *Masks of God* vols 2 & 3. New York: Viking Press, 1963, 1964. Reprint, Penguin Books, 1976.

———. *The Power of Myth*. New York: Doubleday, 1988. Cavendish, Richard, editor. *Mythology: An Illustrated Encyclopedia*. New York: Rizzoli, 1980.

Clow, Barbara Hand. *Chiron: Rainbow Bridge Between the Inner and Outer Planets*. St. Paul, Mn: Llewellyn, 1999.

Corrigan, Ian. *The Book of the Dragon: A New Grimoire*. [n.l.]: J. L. Wyndham, 1983.

Cunningham, Scott. *The Complete Book of Incense, Oils and Brews*. St. Paul, Mn: Llewellyn Publications, 1985.

Conway, D. J. *Crystal Enchantments*. Freedom, CA: The Crossing Press, 1999.

———. *Dancing with Dragons*. St. Paul, Mn: Llewellyn, 2001.

———. *Elemental Magick*. Franklin Lakes, NJ: New Page Books, 2006.

———. *Mystical Dragon Magick*. Woodbury, Mn: Llewellyn, 2008.

Daniels, Estelle. *Astrological Magick*. York Beach, ME: Samuel Weiser, 1995.

De A'Morelli, Richard, and Sharana Reavis. *The Book of Magickal & Occult Rites & Ceremonies*. West Nyack, NY: Parker Publishing, 1980.

Fontana, David. *The Secret Language of Symbols*. London: Duncan Baird, 1993.

Gayley, Charles Mills. *The Classic Myth in English Literature &In Art*. New York: Ginn and Company, 1939.

Gonzalez-Wippler, Migene. *The Complete Book of Amulets and Talismans*. St. Paul, Mn: Llewellyn Publications, 1991.

Grimal, Pierre, editor. *Larousse Encyclopedia of Mythology*. London 1959. Reprint, New York, Hamlyn, 1978.

Gwain, Shati. *Creative Visualization*. New York: Bantam Books, 1982.

Hall, Judy. *The Crystal Bible*. 3 volumes. Cincinnati, OH: Walking Stick Press, 2004.

———. *Crystals to Empower You*. Cincinnati, OH: Walking Stick Press, 2013.

Hall, Manly P. *The Secret Teachings of All Ages*. San Francisco, 1928. Reprint, Los Angeles, CA: Philosophical Research Society, 1977.

Hart, Francene. *Sacred Geometry Cards*. Rochester, VT: Bear and Company, 2008.

———. *Sacred Geometry Oracle Deck*. Rochester, VT: Bear and Company, 2001.

Hogarth, Peter. *Dragons*. New York: Viking Press, 1979.

Hoult, Janet. *Dragons: Their History & Symbolism*. Glastonbury, UK: Gothic Image, 1990.

Huxley, Francis. *The Dragon: Nature of Spirit, Spirit of Nature*. UK: Thames & Hudson, 1979.

Janse, Eva Rudy. *Singing Bowls*. Havelte, Netherlands: Binkey Kok, 1992.

Johnson, Cait. *Earth, Water, Fire & Air*. Woodstock, VT: Skylight Paths, 2003.

Kalweit, Holger. *Dreamtime and Inner Space*. Boston: Shambhala, 1988.

Lady Rhea, and Eve Le Fey. *The Enchanted Candle*. New York: Citadel Press, 2004.

Lambert, Mary. *Crystal Energy*. New York: Sterling, 2005.

Lum Peter. *Fabulous Beasts*. New York: Pantheon Books, 1951. Mackenzie, Donald G. *German Myths & Legends*. New York: Avenel, 1985.

McArthur, Margie. *Wisdom of Elements.* Freedom, CA: The Crossing Press, 1995.

Mickaharic, Draja. *Magickal Practice.* Tinicum, PA: Xlibris, 2004. Miller, Jason. *Protection and Reversal Magick.* Pompton Plains, NJ: The Career Press/new Page, 2006.

Murphy-Hiscock, Ann. *Power of Spellcraft for Life.* Avon, MA: Provenance Press, 2005.

Musashi, Miyamoto. *A Book of Five Rings: The Classic Guide to Strategy.* Woodstock, NY: Overlook Press, 1974.

Page, James Lynn. *Applied Visualization*. St. Paul, Mn: Llewellyn Publications, 1991.

Pennick, Nigel. *Magickal Alphabets.* York Beach, ME. Samuel Weiser, 1992.

Perkins, John. *Shape Shifting.* Rochester, VT: Destiny Press, 1997.

Richardson, Wally, and Lenora Huett. *Spiritual Value of Gem Stones*. Marina del Rey, CA: De Vorss & Co, 1983.

Serraillier, Ian. *Beowulf the Warrier*. New York: Scholar Book Services, 1970.

Silbey, Uma. *The Complete Crystal Guidebook.* New York: Bantam, 1996.

Stearn, Jess. *The Power of Alpha-Thinking.* New York: new American Library, 1976.

Sun Tzu. *The Art of Strategy*. Translated by R.L Wing. New York: Broadway Books, 2000.

Trayer, Patricia. *Crystal Personalities: A Quick Reference to Special Forms of Crystal.* Peoria, AZ: Stone People Publishing, 1995.

Tresidder, Jack. *Dictionary of Symbols*. San Francisco: Chronicle Books, 1998.

White, T. H. *The Book of Beasts*. New York: G. P. Putnam's Sons, 1954. Reprint, New York, Dover Publications, 1984.

Wolfe, Amber. *In the Shadow of the Shaman*. St. Paul, Mn: Llewellyn Publications, 1990.

Zerner, Amy, and Monte Farber. *The Alchemist: The Formula for Turning Your Life into Gold.* New York: St. Martin's, 1991.

Sobre a autora

D. J. Conway foi uma renomada autora que se dedicou à escrita de livros de não ficção nos campos da Magia, Wicca, Druidismo, Xamanismo, Metafísica e Ocultismo, além de ter explorado a fantasia em seus três romances. Nascida em Hood River, Oregon, em uma família com raízes irlandesas, norte-germânicas e nativas norte-americanas, ela mergulhou no estudo do ocultismo e da religião Pagã por mais de trinta anos.

Em reconhecimento ao seu trabalho, D.J. Conway recebeu, em 1998, o prêmio de melhor autora de Wicca e Nova Era pela revista Neopagã de destaque, *Silver Chalice*. Além de ser uma prolífica escritora, ela também foi ministra e possuía um doutorado em Divindade. Suas histórias foram publicadas em diversas revistas, incluindo a renomada publicação de fantasia científica *Encounters*. Ela teve a oportunidade de compartilhar sua sabedoria em entrevistas para diversas revistas e em programas de televisão, como o *Journey* com Brenda Roberts.

Outra faceta criativa de Conway foi a colaboração com a colega autora Sirona Knight e a ilustradora Lisa Hunt na criação de diversos baralhos de Tarô. Sua busca por conhecimento se estendeu por mais de 35 anos, explorando os campos ocultos, bem como as filosofias orientais, história, artes mágicas, mitologia e folclore.

No decorrer de sua carreira, Conway deixou um legado impressionante com mais de 20 livros de não ficção. Entre suas obras mais conhecidas estão *Celtic Magic, Dancing with Dragons, Mystical Dragon Magic* (publicados pela Llewellyn), *The Ancient Art of Faery Magick* (10 Speed Press) *e The Little Book of Candle Magic,* entre outras obras de referência no campo da literatura mágica.

Conheça outras obras

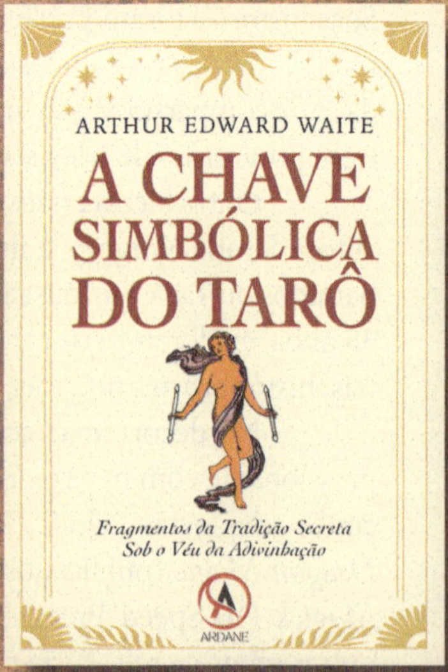

ARDANE

Esta edição foi composta pela Ardane, São Paulo, SP.
Os papéis utilizados foram o pólen natura 90 g para o miolo e o cartão triplex para a capa. O texto principal foi composto em fonte Minion Pro, 11 e entrelinhamento 13,5 e os tí tulos em FairydustB.
Impresso no Brasil.